本书编委会

主　编：罗　民

副主编：马　翔　宋慰祖

编　委：（排名不分先后）

　　　　葛彤慧　徐　骥　刘晓光　刘　玲　戴娜娜

　　　　石蒙蒙　王　磊　朱海澎　王　明

SPIRIT OF
CRAFTSMAN

工匠精神

——中国制造品质革命之魂

THE SOUL OF
CHINA'S MANUFACTURING QUALITY REVOLUTION

工业和信息化部工业文化发展中心◎著

人 民 出 版 社

序

工业文化是工业软实力的核心，是工业发展的灵魂，它存在于社会对待工业的价值取向、道德准则、经营哲学、观念意识和精神风尚之中，为工业经济发展提供强大的道德支撑、价值引领和精神动力。

长期以来，我国工业文化处于自发生长状态，理论基础和实践经验基本空白，工业和信息化部工业文化发展中心成立后，以培育与弘扬工业文化为己任，致力推动工业文化由自然自发而至自觉自发，有效支撑制造强国建设。

本书所指的工匠精神其实是工业文化之工业精神的一种重要表现形式，一直是我们倾力研究和推广的精神理念。自2016年全国"两会"之后，政府明确了"培育精益求精的工匠精神，增品种、提品质、创品牌"，我们深感进一步贯彻落实"两会"精神，阐释工匠精神助力实施中国制造2025的重要意义，加快凝聚形成工业领域乃至全社会的价值共识，是我们的应有之义、应尽之责。

鲁迅先生曾说过："惟有民魂是值得宝贵的"。工匠精神起源于古代的民众也亟须厚植于当代的民众。作为一本面向普通读者的通俗读本，本书无意做过于系统和严谨的理论阐述，而侧重于科普性质，力求能够接得上地气，内容上既普及理论知识又辅以具体案例，各自独立成章又相互关联，文字上深入浅出、通俗易懂，易于读者理解在当前制造强国建设大背景下弘扬"工匠精神"的重要价值，如果再进一步，阅读后能有所思、有所感、有所悟，在实际工作之中能够秉持"工匠精神"，使精业、敬业、勤业等成为更多人的职业追求，便是本书宗旨之所在。

本书在编写过程中，得到了主管部门领导和业内专家的悉心指导与大力支持，在此对他们表示最诚挚的感谢。受我们的能力和水平所限，本书难免会有错误与疏漏之处，也恳请广大读者批评指正。

工业和信息化部工业文化发展中心

2016 年 9 月

目 录
CONTENTS

　　党的十八大以来，习近平总书记高度重视制造业发展。据统计，十八大之后总书记视察的企业七成左右为制造业企业，并多次在考察中对制造业发展做出重要指示。习近平总书记曾强调，实体经济是国家的本钱，要发展制造业尤其是先进制造业，中国梦具体到工业战线就是加快推进新型工业化。站在全面建成小康社会、实现中华民族伟大复兴中国梦的高度，以习近平为总书记的党中央总揽全局、统筹施策，出台了一系列重大创新改革举措。中国制造2025、"互联网+"、创新驱动发展战略、供给侧结构性改革等先后进入国家政策体系，为改变我国制造业大而不强的现状提供了强有力的政策支撑。

　　在完善政策环境之外，软环境的构建也不可或缺。过去我们过度追逐规模、产量、速度、投资等"硬指标"，今后必须更加注重质量品牌、创新潜力等为代表的"软内涵"。而工匠精神作为制造文化的重要组成部分，是制造业软实力的核心之一，发挥着重要的隐形力量，它可以潜移默化影响国人的职业素养和不断丰富制造业的文化内涵。

2016 年 3 月，国务院总理李克强在政府工作报告上首次提出"鼓励企业开展个性化定制、柔性化生产，培育精益求精的工匠精神，增品种、提品质、创品牌"，工匠精神一词一时间迅速占领了各类媒体的重要版面。那么，什么是工匠精神？为什么培育工匠精神会出现在国家政府层面文件之中，从而正式上升为国家意志？

实际上，工匠精神的内涵十分丰富，既指生产者对自己的产品精雕细琢、精益求精、追求完美的精神理念，也泛指以"精益求精、专注耐心、专业敬业、勇于创新"为核心的职业素养。2016 年 3 月，李克强总理对第二届中国质量奖颁奖大会作出批示强调"弘扬工匠精神，勇攀质量高峰"。2016 年 5 月，李克强总理又两度提及工匠精神，先是在考察东风商用车重卡新工厂时，指出"中国制造的品质革命要靠精益求精的工匠精神"；在出席贵阳大数据博览会时，又强调"大数据新业态代表的创新理念要和传统行业长期孕育的工匠精神相结合"。李克强总理先后在不同场合反复强调制造业培育与弘扬工匠精神，无疑将会使我们今后努力的方向更明确、行动更坚决。

关于工匠精神，很多人往往陷入一个误区，一谈到工匠精神，言必称日德。其实，以精益求精为核心的工匠精神在世界各国文化中都能找到其根源，但各个国家由于自然资源、民族特性、历史文化的不同，形成了本国工匠文化的特征。日本、德国等西方工业强国背后的工匠文化各有特色，值得我们学习和借鉴，但其实我们大可不必妄自菲薄。工匠精神在中国自古有之且底蕴更为深厚，早在《诗经》之中，"有匪君子，如切如磋，如琢如磨"，就把古代工匠在加工玉石、象牙、骨器时仔细、专注、求精的过程与态度，引喻为君子自我修养。庄子则用"庖丁解牛""运斤成风"等几个小故事，表现出这类角色拥有极致技艺的共同特性和基本属性，并进一步提出了"技进乎道""以技入道"的观点。实际上，在中华民族五千年的历史进程中，正是一代又一代工匠孜孜不倦地追求"技道合一"，把对技艺的浸淫、对作品的虔敬、对人情的体察、对自然的敬畏，以匠心之巧思，倾注于制作过程，才创造出了绚烂辉煌的中国古代科技文明。

随着我国工业化进程的推进，机器化大生产逐渐代替了手工作坊的生产，存在于许多人儿时记忆里的那些传统手工匠人，虽耳熟能详，却已变成一种美好的回忆，慢慢退出了历史舞台。特别是改革开放以后，我国制造业粗放型发展模式带来了较长时期的高速增长，借着政策的东风，享受着人口的红利，一些企业尝到了甜头，盲目追求规模效应，摊大求全、率性扩张，还有一些企业习惯了走捷径、赚快钱，产品粗制滥造、山寨抄袭，根本无暇潜心提高质量，专心塑造品牌。与此同时，流水线上的工人们也宛如上了发条的永动机一般，保持着高强度高密度作业，但又很快从一个工厂流向另一工厂，越来越少的人肯花时间和精力去琢磨技术，钻研工艺。于是，精雕细琢、追求完美、耐得住寂寞等"工匠精神"的精髓要义，在"收入""利润""效率""扩张"等现实面前，被很多人束之高阁、抛诸脑后了。

我们都知道，制造业是国家的根基所在，所谓"无工不强"，没有独立且强大的制造业，经济的繁荣、国家的安全和国际的地位就无法获得保障，信息化也将失去物质基础，成为无源之水，无根之木。始于 2008 年的那场国际金融危机，使得美、日、德等传统工业强国痛定思痛，开始重新反思制造业在国民经济中的战略作用，力图重振制造业，抢占高端制造市场并不断扩大竞争优势，新兴国家也纷纷把发展制造业上升为国家战略。制造业成为世界各国参与全球产业分工、争夺产业链、价值链高端的角力场。一时间，美国"再工业化"、德国"工业 4.0"、英国"工业 2050 战略"、欧盟"未来工厂计划"、印度"印度制造"等应接不暇。

与西方一些发达国家曾经"去工业化"的发展模式不同，中国政府一直高度重视发展制造业。2010 年，我国制造业增加值就超过了美国，成为世界上规模最大的制造大国，并且一直保持到现在。同时，我们还是世界上唯一拥有联合国产业分类中全部工业门类的国家。但无法回避的是，我国的制造业现在正面临着诸多隐患。很多产业存在严重的产能过剩，很多企业核心零部件和核心技术长期依赖进口，很多产品没有打造出让顾客信赖的品牌，以致我们的消费者在全球其他地方疯狂地扫空货架。越来越多普普通通的企业老板、打工者开始感受到阵阵的寒意，发现生意不好做了，钱不好赚了，工作不好找了，焦虑症在蔓延，中国制造已然走到了攸关未来的十字路口。

日本管理大家大前研一在《专业主义》一书中说："在 21 世纪激烈的竞争中，我们无处退缩。个人之间、企业之间、国家之间的竞争已经跨越国界，胜利者与失败者的区分变得更为清晰，唯有专业技能和职业素质兼备的劳动者，才能在全球化经济社会站稳脚跟。"

当然，培育"工匠精神"非一朝一夕之事，不可能一蹴而就，需要几代人坚持不懈地努力，才能使之融入每一位中国劳动者的血液之中，成为中国制造共通的精神理念。我们期盼中国制造在经历了一段躁动的岁月之后，以工匠精神引领的一个追求精益求精、创新发展的新时代尽早来临。

正是基于以上考虑，本书以我国工匠文化为引，介绍借鉴世界工业强国工匠精神对其工业化进程的影响，结合中国制造转型升级、实施创新发展战略、推动供给侧结构性改革等重大举措进行多元解读，力求使读者能够准确快速地理解培育中国制造工匠精神的真正核心。显然，只有更多的人接受并身体力行，工匠精神才会真正成为制造业乃至全社会、全民族的价值导向和时代精神。

第一章

我国工匠精神的起源

　　中华文明辉煌璀璨，很长一段历史时期内，世界各国持续着对中华文明的尊崇，掀起了经久不衰的"东方热"。除了中华文化本身博大精深之外，最直观的莫过于那些令人惊叹、精美冠绝的中国器物，丝绸、瓷器、茶叶、漆器、金银器等产品曾是世界各国王宫贵族和富裕阶层最受追捧的宠儿。天工开物，随物赋形。我国古代工匠把自己的一生奉献给了一门职业，执着于一件技艺，发挥着自己的聪明才智，这种精神附着于精美绝伦的作品，世代相传，不仅是中华民族宝贵的物质财富，也给中华文明打下了不可磨灭的文化烙印。

一、工匠文化之源

　　当我们谈论工匠精神，我们谈什么？李克强总理提出"培育精益求精的工匠精神"，其实倡导的是一种理念、一种态度、一种行为方式甚至社会价值观。

　　工匠精神体现在制造业的诠释，是指某个领域的精专深化，当工人们注之以精湛的专业技能、敬业的态度、追求完美的执着，既尊重生产规律又敢于创新……如此生产的产品之可贵处就不仅仅在于物品的使用价值，更有工人融入其中的精神价值。

　　近年来，中国制造业一直在"跑步前进"，这种"追赶者"的心态导致许多企业也好，工人也好，对工匠精神认识或有缺失，急功近利、急于求成，过于看重数量、速度和效率，忽视了对质量和细节的追求和把控，同时创新能力不强，没有形成完善的创新体系，许多产品体系只是解决了生产能力有无的问题，产品在功能、技术、品牌等各方面与发达国家差距明显。在这种背景下，我们必须认识到只有具备优良品质、丰富品种和优质品牌的企业，才能经历时间的洗礼而屹立不倒。因此，今天我们有必要对工匠精神的重要价值进行再审视。

经济学原理告诉我们，无论技术发展到什么水平，都离不开人这一最核心的生产要素。机器归根到底是延伸人类能力的工具，只能按照程序运作，只有人才能够不断追求精进和创新，这点是机器永远无法替代的。在中华民族发展的历史长河中，对品质的坚持一直是我国各行各业工匠们的第一追求。比如，同仁堂就有条恪守300多年的古训，"炮制虽繁必不敢省人工，品味虽贵必不敢减物力"，一代代同仁堂人就是在对这一古训的接力中成就了中医药界的一块金字招牌。

可见，工匠最为可贵之处首先在于其对质量和技艺的永不妥协，这是他们对自己所从事职业的基本要求，是无论何时都需要坚守的基本底线，正是由遍布各个领域的工匠们历经数千年岁月的传承与创造，才造就了我国古代的工匠文化和工匠精神。

1. 工匠寻踪

工匠精神在中国自古有之。我国工匠群体从历史时间轴的起点伊始，不断积聚着力量和惯性，凝集着中华民族的工匠精神，一步一步跨过时间的长河，留下了令世界惊叹的造物技艺。

今天我们从各类史料记载之中可以窥见古代工匠们一道道坚韧的剪影。早在4300年之前，便出现了有史可载的工匠精神的萌芽。相传舜"陶河滨，河滨器皆不苦窳"，记录了舜早年在河滨制陶时，追求精工细作，并以此带动周围人们制作陶器也杜绝粗制滥造的事迹。自舜帝时期开始，再到夏朝的"奚仲"，商朝的"傅说"，春秋战国的"庆"，工匠开始大量出现在史书之中，其演变历史也随着我国古代政治、文化、商业、科技等领域的发展而不断推进，由此形成了我国独特悠久的工匠文化和工匠精神。

工匠一词最早指的就是手工业者，他们在古代被称为"百工"，是社会成员之一。成书于春秋末期战国初期的《周礼·考工记》是我国已知年代最久远的手工业技术文献，这本书在中国工艺美术史、科技史、文化史上有着举足轻重的地位，在当时的世界上也是独一无二的。全书共7100余字，记述了春秋战国时期官营手工业中的木工、金工、皮革、染色、刮磨、陶瓷等六大类30个工种的内容，反映了当时我国所达到的科技及工艺水平。

《考工记》把当时的社会成员划分为"王公、大夫、百工、农夫、妇功、商旅"六大类，对百工的职责做了明确界定："审曲面势，以饬五材，以辨民器，谓之百工"，也就是说工匠的职责是需要充分了解自然物材的形状和性能，对原材料进行辨别挑选，加工成各种器具供人所用，这种职业特性从本质上把工匠和那些"坐而论道"的王公区别开来，工匠成为当时除巫职之外的一个重要的专业阶层。同时，《考工记》记载："知者创物，巧者述之，守之，世谓之工。百工之事，皆圣人之作也"，这里将"创物"的"百工"称之为"圣人"，充分体现了早期的器具设计需要非凡的智慧。此外，历代中央政府机构不一定设有农部，但一定会设有工部，这些都反映我国古代对工匠的专业性、重要性和创造性的认知和重视。

2. 技艺精湛是生存之本

工匠的首要职责就是造物，技艺是造物的前提，也是工匠存在的第一要素。如何使技艺达到熟练精巧，古代工匠们有着超乎寻常的，甚至可以说是近乎偏执的追求，他们对自己的每一件作品都力求尽善尽美，并为自己的优秀作品而深感骄傲和自豪，如果工匠任凭质量不好的作品流传到市面上，往往会被认为是他职业生涯最大的耻辱。

果园厂是专门为明代宫廷制造漆器的工场，其兴盛主要归功于张德刚和包亮两人，他们出身于浙江嘉兴西塘地区颇负盛名的漆艺世家，由于技艺高超，在永乐年间被朝廷征用到果园厂，传授他们的技艺，管理漆艺事务。因此，永乐、宣德时期的"剔红"被后世公认为漆器工艺中登峰造极的精品。

"剔红"实际上是雕漆的一种，工艺流程极其繁复，惯常以木灰、金属为胎，而后在胎骨上层层髹红漆，少则几十层，多达一二百层，至相当的厚度，待半干时描上画稿，再雕刻以精美的

剔红牡丹圆盒

花纹，而后烘干、打磨、做里退光。"剔红"是一种高度工艺化的制品，漆工匠必须精于漆艺与雕刻等技艺，才能做出精美的作品，这个制作过程既复杂又困难，技艺不容易传承。

永乐时期果园厂出品的剔红漆器《剔红牡丹圆盒》，色泽枣红饱满，雕琢圆润，在器底边缘，还刻有"大明永乐年制"的款识，细小针刻的文字要对着光才能隐约看到，这种工艺为乾隆皇帝所惊叹，于是赋诗一首，由工匠刀刻添金于盒盖之内，"漆已十人谏，加雕应若何。增华惊后世，信鲜挽回波。花映祥曦暖，叶承瑞露多。细针镌永乐，谁与护而呵"。见多识广的盛世皇帝也感叹剔红雕刻工艺精湛，花叶鲜美华丽，欣赏之余不免让人兴起珍惜呵护的心情。

3.心无旁骛才能臻于化境

古代工匠除了对自己的技艺要求严苛外，还对之怀有一种绝对的专注和执着，达到忘我的境界，这也一直是我国古代工匠穷其一生努力追求的最高境界。

梓庆是春秋时期一位有名的木匠，他技艺高超，尤其擅长制作一种乐器，那时人们称这种乐器为鐻（ju）。有一天，他精雕细琢了一把鐻，造型美观，花纹精细，以前从来没有人做出过这么完美的鐻，每一个见过的人无不叹为观止，大家都不相信是梓庆做的，认为只有鬼神才能做出这种极品。

这把鐻的名气越来越大，鲁国国君听说后也慕名前来欣赏，看到之后连声叫绝，同样不相信这是人力而为，特地招来梓庆询问，"你是不是会法术？这是用什么法术制作的？"

梓庆回答："我不过是一个普普通通的人，怎么可能懂什么法术呢？"鲁国国君听他这样说，不太相信，紧接着问道："既然这样的话，那就请告诉我到底你是如何制作它的。"

梓庆回答说，我其实并没有什么秘诀，做这把镰之前，为获得内心的平静，我斋戒了三天。在这三天时间里，我聚精会神，摒弃心中的杂念，忘掉功名利禄，不去想能借此以获得什么赏赐或封官，只集中心思考虑怎么才能制作好它。然后斋戒五天，使自己不把别人的非议、褒贬放在心里；紧接着再斋戒七天，这时我达到了"忘我"的境界，已经能做到"不以物喜"，我感觉外界已经没有任何东西能够影响到我的技艺了。斋戒过后，我深入山林之中去寻找原材料，仔细观察各种树木的形状及质地，精心选取最适合做镰的木材，直至一个完整的镰已经成竹在胸之后，我才真正开始动手加工制作。

其实做任何的木器，我都要经过同样的步骤和程序，以一颗无杂念之心，辅以木料自然之性。我想，这大概就是我制作出来的木器被誉为神工鬼斧制作的原因。国君听完，恍然大悟，这才明白何为"鬼斧神工"。

梓庆为镰的故事给人们传递了这样一个理念，想把事情做到完美，必须摒除杂念，淡忘富贵、名利和自我，集中精神专注于自己的事业。

4. 物勒工名是管理之智

今天，我们开始在制造业中推进建立重要产品的追溯体系，其实我们的先辈早就采取了类似的管理制度。物勒工名，意思是把自己的名字刻在制作的器物上，是我国最早的对于工匠质量管理的规定，也可以视作是我国古代的一种产品追溯办法。这种制度始于春秋时期，到秦朝时已经趋于完善，《礼记》中《月令篇》曾记载："物勒工名，以考其诚，工有不当，必行其罪，以究其情。"到《吕氏春秋》之时，对这种产品追溯办法又有了更具体和明确的记载。

从陕西兵马俑坑出土的上万件青铜兵器之中，我们可以看到每一件兵器上都刻有从相帮、工师、丞再到工匠的各级管理者和制作者的姓名，一旦发现任何一个质量问题，都可以通过兵器上铭刻的"名"追查到相关的责任人并施以惩戒。

在以严刑峻法而著称的明代，"物勒工名"的制度几乎被发展到极致。明初祝允明的《野记》中记述了这样一个残酷的故事，"太祖筑京城，用石灰秫粥锢其外，时出阅视。监掌者以丈尺分治，上任意指一处击视，皆纯白色，或稍杂泥壤，即筑筑者于垣中，斯金汤之固也。"当时，明朝刚刚建国，举力修建南京城，为了使城墙更加坚固，用石灰、桐油、糯米汁制成的夹浆来浇灌墙体，同时墙体所有城砖上均铭记了出产该砖的府、州、县、总甲、甲首、小甲、制砖人夫、窑匠等五到六级责任人的名字，朱元璋本人也时常巡视，随时随地叫人砸开夹浆检查，如果发现存在质量问题，立即就将各级负责人捆绑塞进墙垣的空隙处死，官吏与工匠们哪里敢造次，这则故事恐怕也道出了这座历经几百年的风霜仍旧固若金汤的城池的奥秘。

此外，物勒工名考核的规范性，这个"功"也指功劳的功，功和过、奖和罚，既是考核制度规范，同时也体现了一种荣誉。物勒工名既是一种质量负责制的产品质量检测管理制度，更是对于工匠担当和荣誉的体现。

当代社会，随着工业化进程和由此引发的城镇化进程，不仅创造出企业和城市这样大规模的社会组织形式，也创新了社会合作的方式，形成了分工协作、各负其责的生产体系和责任体系。在这个体系之中，我们提出物勒工名的主要目的不在于问责，而是希望借鉴古人的智慧进行科学管理，同时也是在提倡一种担当精神，我们每个人的工作效果和行为方式既要对自己负责，也要对所在的生产组织和社会组织负责，如果没有敢于负责、敢于担当的精神，根本无法保障组织的整体运转和生产的效率提升。

5. 技之骨与匠之心

距今 2000 多年的诸子百家争鸣的战国时代，"墨家"的创始人墨子是一位不折不扣的能工巧匠，甚至可与公输班（也就是人们常说的鲁班）相比。从记载墨子学问思想的《墨子》一书中，我们也可以看到墨子几乎谙熟了当时各种兵器、机械和工程建筑的制造技术。据说，墨子曾花费了 3 年的时间，潜心研制出一种能够飞行的木鸟（风筝、纸鸢），成为我国古代风筝的创始人。同时，他也是一位制造车辆的能手，在当时的技术条件下就可以造出能够载重 600 斤的车辆。

在《墨子·公输》篇里，记载了墨子"止楚攻宋"的事迹，详细描述了作为世界级工匠的墨子和公输班"斗智斗艺"的故事，至今被人们津津乐道。当时，楚国正准备攻打宋国，请公输班制造了攻城的云梯等军事器械，墨子劝说楚王放弃进攻计划失败之后，以匠人的身份，以腰带模拟城墙，以木片模拟器械，与公输班演练攻守战阵，公输班组织了九次进攻，均被墨子击破，彻底打消了楚国攻宋的念头，最终决定了两个国家的命运。

这个故事说明了古代工匠之间分歧的焦点往往不在于技艺本身，而在于对待技艺应用的方式和态度之上。墨子主张"兼爱"和"非攻"的思想更闪烁着人性的光辉。

在先秦诸子中，庄子赋予"技"更深层次的意义，把人性的意识渗透进其技术思想中，认为天道美的展现是技术的本质，人之技的最高境界是以技入道。在《庄子》中，树立起许多工匠的形象，"庖丁解牛""运斤成风"妇孺皆知，在强调技艺精湛的同时，又从不同侧面把处世之道和人生哲学传达给读者，当工匠的技艺达到炉火纯青之时，是可以进入随心自由的境界的。

古代工匠最典型的气质就是对自己的技艺要求严苛，并为此不厌其烦、不惜代价地做到极致，精益求精，锱铢必较，同时也对自己的手艺和作品怀有一种绝对的自尊和自信。

工匠文化和工匠精神不仅是我国古代社会走向繁荣的重要支撑，也是一份厚重的历史沉淀。工匠的本质是精业与敬业，这种精神融入工匠们的血液之中，技艺为骨，匠心为魂，共同铸就了我国丰富的物质文化现象，推动了我国古代技术的创新发展，怎么能不令人心生钦佩与敬畏。

二、工匠文化之行

经过多年的发展，如今中国制造早已遍及全球，但与美国制造、德国制造、日本制造相比，中国制造在知名度、美誉度、信誉度上仍有差距，其中的关键因素就是质量和品牌，这是制造业强大的重要标志之一，它从市场竞争角度反映出国家整体实力。

其实，中国古代制造的物质与文化根脉，遒劲有力，根深叶茂。纵观我国古代造物史，一代又一代的工匠不断精进技艺，追求极致，他们的伟大创造和智慧结晶凝结成了独一无二的中式物语，使中华民族的物质文化历史放射出夺目的光彩。

1. 有形之行

"有形之行"可以看作是古代工匠不可思议的创造之旅。技艺、时间、思想、个性等因素都存在于这些"有形"的载体之中，又反作用于工匠之

"行"。这里的"行"指的是能力与创造。

如今，我们可以在一个个展现中华奇迹的"有形"器皿和工程面前，感叹工匠的精湛技艺，感悟古人的造物观，从而触碰到中华民族工匠精神的源头。从这种角度回溯我国的古代工艺史，这种"有形之行"实际上形成了一部沉甸甸的中国古代科技文明史，庄严浑厚的青铜，轻柔质朴的纸张，光彩四射的瓷器，华美婉约的丝绸……这些青铜铸造术、造纸印刷术、瓷器发明术、丝织染织术在向人们展示浩瀚繁荣的中国古代科技文明的同时，也蕴藏了工匠精神的精髓。

2. 惠世天工

古代工匠共同造就了物化的历史，锦绣的华服，雄奇的宝器，泱泱之瓷国，造物之丰富，不胜枚举。古代造物遵循美学与生活相结合的原则，是艺术与科学的统一体，与人们的生活紧密相连，通过衣食住行等生活的各个方面服务于人。

在生活实用方面，汉代的长信宫灯可视作典范之作。它具有优美的造型，灯身通体鎏金，有铭文"长信"二字。宫女作跪坐状，体中是空的，上身平直，左手托着灯，右手提着灯罩，右臂与灯的烟道相通，以手袖作为排烟臬的管道。宽大的袖管自然垂落，巧妙地形成了灯的顶部。灯盘呈"豆"形，灯座可以盛水，灯盘可以转动，灯罩可以开合，调节亮度和照射方向，也有挡风的功能。燃灯之时，烟会顺着宫女的袖管进入灯座并使之溶于水中，不会大量飘散到周围环境中，可以保持室内清洁。

长信宫灯一直被认为是中国工艺美术品中的巅峰之作和民族

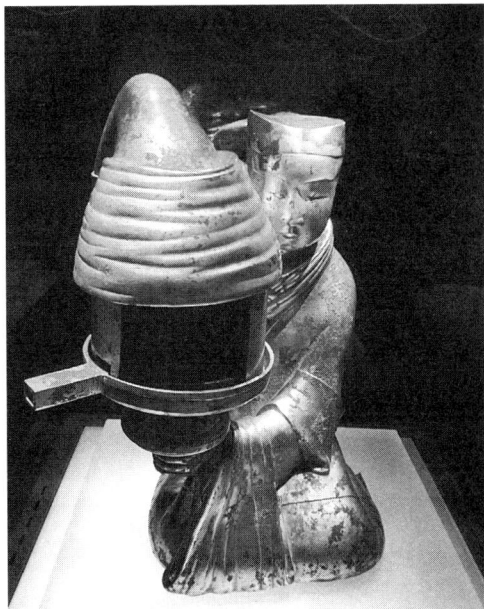

长信宫灯

工艺的重要代表而广受赞誉。这不仅在于其独一无二、稀有珍贵，更在于它精美绝伦的制作工艺和巧妙独特的艺术构思，充分体现出古代工匠对科学的精确要求和考虑，而且将功能性、科学性与灯的造型设计完美地统一起来。

3.材美工巧

在材料技术方面，从商周时期的青铜材料开始，我国古代工匠在不断探索中前行，不同的材料和不同的技术直接影响着工艺和风格的改变，不断出现的新兴材料和技艺增添了新的表现手段。战国时期青铜装饰中的模印法以及其后出现的失蜡法，汉代印染技术中的套版，金代陶瓷中的叠烧法，等等，这些都是古代工匠们为了适应大量生产又兼顾经济美观的效果而发展起来的新技术。

青铜器流行于新石器时代晚期至秦汉时代，遍布当时生活的各个方面，制作青铜器必须经过炼矿、制范、熔铸、修整等复杂工艺。其主要工艺失蜡法至今仍然是世界上制造精密机件的常用方法。失蜡法也称蜡模法，就是用蜡作原料来做成青铜器的模型。它的特点是制作简便无须分块，用蜡做成器形和装饰，再内外用泥巴填充加固，等待晾干以后倒入青铜溶液，在这种高温下蜡液流出，有蜡的地方便被青铜溶液填满即成为铸造物。这样还能够使得花纹精细清晰，层次丰富，可以达到复杂的空间立体感强的镂空装饰效果。同时使得青铜器表面光滑，不用再进行打磨，精确度很高。曾侯乙墓出土的铜尊铜盘就是用这种方法制作而成的。失蜡法的创造是我国古代金属铸造和铸件装饰史上的一项伟大发明。

曾侯乙尊盘

可见，古代工匠们在生产力极为低下的条件下，通过自身的实践，创造和推动了技术和社会的进步，显示了非凡的智慧和高超的技艺。勤劳智慧的古代工匠留给我们的这些工艺和艺术瑰宝，为中华民族的物质遗产增添了无限光彩，他们不断追求完美的实践创新才推动着古代造物的不断发展，许多在现代科技中还能得以继续沿用。

4. 工匠精神的自觉意识

今天，无论技术发展到什么阶段，高技能的工匠都不可或缺，因为不论生产工具怎样进步，都是由人来创造和加以运用的。如果机器取代了旧工种，那必然产生操作机器的新工种。事实上，拥有工匠精神的劳动者，能够自觉在制造中不断改进工艺、在改造中努力突破极限，既承担"制造"的功能，更具备"创造"的可能。

由此，倡导工匠精神，不光可以培养一批技术过硬、追求卓越的工人，还有助于提高技术工人群体的社会地位和自我认同，使他们成为整个国家迈向制造业强国的坚实基础。与此同时，在全社会弘扬工匠精神，也能提升全社会各行业的敬业精神，他们可以是政治家、公司老板，可以是设计师、建筑师或工程师，还可以是办公室里最普通的文员，工厂车间里最年轻的工人，这些自觉践行工匠精神的人往往能成为某个岗位的带头人，在严格要求自己的同时，起到模范带头和榜样示范作用，给身边的同事做示范，以带动更多的人弘扬工匠精神。事实上，只要每个人都踏实做好本职工作，尽可能地将每件事做到最好，自然会助推更快更好地实现国家富强的目标。

三、工匠文化的历史烙印

　　几千年来，我国古代工匠创造的灿烂辉煌的物质文明，不仅是中华民族宝贵的物质财富，同时也与我国传统文化演进交相辉映，留下了深刻的文化烙印。工匠的造物总是与当时所处的社会文化大环境息息相关，表现出了"物质"和"文化"是相互依存的。"文化"需要靠"物质"作为载体，一旦载体失去存在的价值，其所包容的文化价值同时也失去延续的理由。

　　春秋战国时期，在思想学术领域出现了"百家争鸣"的局面，体现在工艺制作方面，形成巧思、清新、活泼的特色；秦汉时期，儒学的宗教化反映在工艺制作的装饰题材上；唐代自信开放的文化政策体现在工艺生产上出现了百花争艳的局面，促成了中外工艺生产的交流，不但我国的工艺品输出国外，西亚、波斯、印度等外国文化也传入我国，华丽且开阔恢宏；宋代崇尚理学，倡导质朴和平淡，形成了工艺风格的严谨含蓄；元代尚武，工艺制作风格粗犷、豪放、刚劲；明代崇尚"知行合一"，工艺制作既有细巧严谨，又不失质朴自然；清代受外来文化的影响，反映在工艺方面，具有典型的游牧民族特性。

工匠文化也是中华文化的重要组成部分，在历史的每一段里程中，每一张宣纸、每一匹丝绸、每一件器皿都能反映出其核心的文化内涵。

1. 技艺精湛与追求完美

工匠承载着岁月时光的沉淀，累积成一个民族文化的符号。每一个工匠默默坚持的身影，所承继的是传统文化及其深植于风土民情所内含的生活智慧及工艺巧思。工匠创造了器物并代代相传，一直延续并发扬传承这种技艺，因此工匠群体得以形成。工匠的职责就是造物，技艺是造物的前提，技艺是工匠存在的第一要素。

工匠制造器物的心灵手巧、熟练程度是需要经过日复一日的劳动训练才能掌握的，这种技巧的训练，也包含了心性、人格等品德上的修练，这是在学艺过程中所必须的历练，体现在技巧磨练过程中不惜时间和精力去反复琢磨和改进产品，不断注重细节，追求完美极致，以严谨的精神和一丝不苟的态度，确保每一个细节的质量达到要求。

由此，"技"是指手艺、本领，也就是拥有一技之长，这是一个工匠必须具有的最基本的能力。"艺"包括了方法、知识等，也就是才能的方式方法。这也包含了工匠造物的过程和工艺创造的情感体验。只有对"技"和"艺"有了体悟，经过自己反复磨炼方可进入"道"的境界。掌握高超的技术技能，同时兼备良好的人文素养和创造性，这不单单是对工匠的职业要求，同时暗含着对职业精神和创造智慧的要求。

欧阳修《归田录》载，汴京开宝寺塔"在京师诸塔中最高，而制度甚精，都料匠预浩所造也"。都料匠，是工匠的总管或曰总工匠。工匠总管预浩负责监督开宝寺塔建成之后，却是"望之不正而势倾西北"，成了一座斜塔。大家都奇怪这是怎么回事，预浩解开了谜团，汴京的地势平坦无山，而多刮西北风，风吹之塔不用一百年，塔自然就正过来。意大利的比萨斜塔闻名于世，但其倾斜却并不是设计者的初衷，而开宝寺塔则是在充分考虑到气候因素前提下的刻意之举。这样来看，不光前人要感叹预浩"用心之精盖如此"，今天的我们也不得不为之叹服。可见，中国自古就有追求"精准""完美""创新"的传统。

2. 专注与敬业

抱守元一，潜心钻研，专注和敬业是工匠们的一致追求，他们旨在打造最优质的产品，代代累积着属于工匠的坚持与匠心，他们有着严苛的技术标准和挑剔的审美眼光，追求每件产品的至善至美，这就要求工匠除了具有熟练的技艺，还要有坚持专注的心理素质和制造心态。

由于工匠技艺的保守性和排他性，出现了以血缘为基础的家族行业。他们经过历代的钻研和总结，大都掌握了一整套精湛的工艺，为技术和管理经验的继承和发展作出了重要的贡献。

如在清朝时期，专门负责皇家建筑的设计及图纸、模型制作的工匠被称作样子匠，以雷氏一族最为著名，也称为"样式世家"。从康熙年间开始，雷氏家族的祖先雷发达凭借自己的技艺北上到北京谋生。雷家不仅在北京站住了脚，且获得了皇帝的恩宠，开始了世传七代的样式房差务，自此之后，清朝主要的皇室建筑如宫殿、皇陵、圆明园、颐和园等都是这个家族负责的。这个世袭的建筑师家族被称为"样式雷"。正是雷氏家族世代都孜孜不倦地专注于皇家建筑，才形成了荣耀数百年的"样式雷"家族。

3.人与自然和谐统一

古代工匠在制作过程中，将对自然的感悟融入到作品中，以代表中华血脉的风土光影的创造，拉近了人与产品的距离。比如，商代青铜器主要是用作祭祀，最普遍的青铜器装饰纹样是饕餮纹，这个形象是牛、羊、猪等作为祭祀牺牲的形象的表现，但这种表现往往不是采用完全写实的手法，而是由工匠加以抽象化，强调其祭祀意义，它的社会意义大于其审美意义。

《庄子·达生》在讲述"梓庆为鐻"故事时还提到，梓庆在讲授自己成功的原因时，提出了"以天合天"的看法，就是天人合一，使二者浑然一体。由于古代乐器支架要制成飞禽走兽的形象，又因为悬挂的乐器种类不同而所用的飞禽走兽的形象也不同，所以梓庆就"入山林，观天性"，去观察木材以及飞禽走兽的天然形态。在这里，人与自然的和谐统一，表现为一种美的展示过程，这也是工匠审美体验的外在表现。

4.尊师重道与匠心传承

尊师重道是中华民族的传统美德，荀子甚至将尊师重道上升成一种国家意识形态，认为应成为治国安邦的基本道德规范。中国古代工匠的培养与传承一直尊崇这一传统，并且在师徒制的技艺传承过程中将其进一步发扬光大，并形成一套师道尊严的法度，成为一种道德约束。

我国古代工匠的技艺传承方式不管是"子承父业"还是"师徒传承"，师傅都拥有绝对的权威地位，徒弟必须要遵从师傅意愿，在师傅规定的领域内进行学习创作。俗话说"父生之，师教之"，徒弟必须要尊重所学技艺，才有可能精于技艺，更重要的是徒弟对师傅的态度影响着他能否学成技艺，这就要求徒弟必须要尊敬师傅，所谓"一日为师，终身为父"。师傅既是徒弟的业务指导者，又是其人生导师，工匠精神就是在这种尊师重教的师道尊崇中得到一代代传承与发扬下来。

5. 与时俱进与破陈出新

如何通过自己所掌握的技艺来谋求尽可能多的经济利益、稳定其社会地位、巩固其社会关系，是工匠凭借其技艺立足之后所必须深入思考的问题。于是工匠的创新与创造能力成为其百尺竿头更进一步的必然要求。

创新精神从来都是工匠精神的核心之一，光从字面上解释"技艺"一词本身就含有创新的内涵。"技"指手艺本领，掌握和运用一门技术的能力。而"艺"则有富有创造性的方式方法的意思。暗含着对工匠创造智慧的要求。工匠的创造是一个累积式的发展过程，工匠要根据自己长期的实践经验和技术思考，不断领悟和反复总结，对前人的工艺或技艺进行改良创造以获得新的技术或新的产品，这就是所谓的"知行合一"，与时俱进和推陈出新也是工匠精神的重要表现。

生于宋末元初的黄道婆是我国著名的棉纺织工艺家，她对我国棉织工艺的发展作出了重大贡献。她本是江苏人，从小做童养媳，由于不堪忍受公婆和丈夫的虐待，后来逃跑至今海南省，黄道婆在这里向黎族人民学习了一整套的棉纺织技术，并全面改革了纺织工具，改进了去除棉籽的原始方法，教妇女们把籽棉放在石板上，用小铁棍来擀，这样就不必再用手一颗一颗地剥籽棉了。她还发明了一种半机械化的轧棉机，一人喂棉，两人摇柄，棉絮与棉籽可以被快速分离到两侧，既快捷又省力，大大提高了工效。

她改进了老式的弹棉工具，采用一种新式弹弓，加长了弓身，弓弦以绳代线，用棒槌代替手指来拨弦，提高了纺纱效能。她造出了三锭脚纺车，由过去的一个纺锭增加到三个，能同时纺出三根纱线，同时她发展了棉织的提花方法，使普通的棉布能够呈现出折枝、团凤、棋局、字样等的图案花纹。

黄道婆的工艺技术改革不仅改善了纺织技术，大大提高了生产效率，而且也促使棉织工艺将实用和美观结合起来，成为我国工艺史上的一枝新花。晚年的黄道婆又回到江苏，把这些技术进行了传播，大大促进了我国棉织工艺的发展。

6.古代工匠的美好的存念

古代工匠推动了中华民族物质文明与精神文明的繁荣与发展，他们的每一件艺术作品，不仅是非凡的物质遗存，更是一种精神遗存，是品格、力量、追求、意境的体现。从原始彩陶、商周青铜器到汉唐织锦、宋元瓷器、明清家具，这些安静的、灵动的、精美的、质朴的美，达到了极高的美学境界，赋予人们高度的艺术享受之外，还是多种情愫的表达，其传承的魅力系着过去连着现在，是民族精神和情感的延续，让我们能够通过这些器物去感受古代精神之力量和文化之内涵。制造产品如同做人，心正是根本，品格决定品牌，要打磨自我，以端正品格来坚守诚信，在专注和奉献中释放自己的能量。

与日本、德国、美国等西方工业强国有所不同，我国的工匠精神历经几千年的历史沉淀，根基更为深厚、特色更为鲜明，彰显了大国风范，并且以"精益求精、专注坚守、追求完美、推陈出新"为核心，共同构筑着我国工匠精神的灵魂。

第二章

世界工业强国的工匠精神

　　每当提到一些世界工业强国，比如日本、德国、美国等，人们总是会说到类似这样的话语：看德国的产品质量多可靠，日本的产品多精致实用，美国的产品技术多先进。其实，这些国家的产品之所以能够给人们留下如此良好的印象，与这些国家的工匠精神的历史、特征及影响有很大关系。这些国家通过在工业产业链上的百年积累，不但使工业技术整体水平保持在一个较高的水平线上，而且逐步形成了本国制造业的特点，打造出了本国工业产品的口碑。

一、日本:"职业皆佛行"

1.匠人精神化入骨髓

匠人最初于日本江户时期产生,工匠、技师等职业都被称为匠人,那时候匠人与商人同被称为町人。随着资本和技术的积累,町人成为日本社会结构的重要组成部分。在江户中期,町人文化形成,他们信奉职业道德,平等意识强烈,甚至有"职业皆佛行"的职业理论,且有着极强的自尊心,视产品质量如生命。在幕府时代,日本人很尊重有技能的人,匠人技艺高超,并以师徒的方式传承毕生所学。在民间,他们地位较高,对所拥有的技艺十分的认真和忠诚,对自己每一件产品、作品都力求尽善尽美,并以自己的优秀作品而自豪和骄傲。

日本匠人文化的本质,是敬业与认真,更重要的是匠人文化被全社会所接受和发扬。日本秋山木工创始人秋山利辉说:"真正顶尖的人,大师级的人,都是'德'在前面。我的工作就是培养行业内的明星,用八年时间，慢慢教他德行，做人，成为一流的人之后，就能成为一流的工匠。只有你有精神，才会走得很远，很高。"

日本人正是因为做到了这一点，所以才将匠人精神化入了他们的骨髓之中。他们是普通的匠人，却支撑起世间文明。在幕府时代之后日本的发展历史中，特别是在明治维新以后，匠人起到了至关重要的作用，他们所建立的经济思想和伦理道德为近代日本企业的崛起提供了坚实的理论基础。与中国相比，日本虽然国土面积小、人口少、资源贫乏，但作为二战的战败国重新崛起，不能不说是一个奇迹，这对于中国经济的发展有着巨大的启示。

2. 技艺与精神、艺术、灵魂的完美结合

在日本，无论你是拉面店师傅还是世界级设计师，都是匠人。每个人都在对自己的"作品"不断锤炼，追求更高的技艺和更完美的呈现。对于日本的匠人来说，他们虽然获得的物质利益并不一定很多，但是他们却得到了一种精神方面的愉悦，他们向世间所展示的不仅仅是技术本身，更是一种技术与精神、艺术与灵魂完美结合的过程。

日本的匠人们善于从消费者的需要出发，努力钻研，追求极致。有这样一组数据：在中国，中小企业的平均寿命是 2.5 年，集团企业的平均寿命不过 7—8 年；世界 1000 强企业的平均寿命是 30 年，全球 500 强企业平均寿命约为 40 年，中国百强企业平均寿命不过 10 年；在日本，1000 年以上的企业有 7 家，500 年以上的企业有 32 家，200 年以上的企业有 3146 家，100 年以上的企业有 50000 家以上。这些百年老店之中，有89.4%的企业是员工人数不超过 300 人的中小型企业。日本现存的百年老

字号企业约有 10 万家。

我们在反思的同时，要积极学习日本匠人认真和敬业的精神，对待自己的职业和制造的产品秉持严谨的态度，要干一行爱一行，不苟且、不浮躁。例如，一个中国拉面馆的拉面师傅工作时可以穿着很随意，但在日本，师傅一定会穿上拉面店定做的衣服，扎一个极帅的头巾，一脸虔诚地做面，煮好面之后一丝不苟地摆上鸡蛋、海苔、肉丝等，把面做得十分精致。此时拉面已经不再是拉面了，而是一件"艺术品"。虽然他们获得的物质利益同样不一定很多，但是看得出来他们更享受工作过程，也获得了精神方面的愉悦和满足。

所以，作为日本匠人最典型的气质，是对自己的手艺，拥有一种近乎于自负的自尊心。这份自负与自尊，令日本匠人对于自己的手艺要求苛刻，并为此不厌其烦、不惜代价，但求做到精益求精，完美再完美。用一生的时间钻研、做好一件事在日本并不鲜见，有些行业还出现一个家庭十几代人只做一件事的事例。

日本一家只有 45 个人的小公司，就连世界上很多科技水平非常发达的国家都要向这家小公司订购螺母。这家日本公司叫哈德洛克（Hard Lock）工业株式会社，他们生产的螺母号称"永不松动"。螺母松动是很平常的事，可对于一些重要项目，螺母松动就关乎人命了。创始人若林克彦当年是公司职员时，在工业产品展会上看到一种防回旋的螺母。他发现这种螺母并不能保证绝不松动。这让他想到了增加榫头的办法，并终于做出了永不松动的螺母。起初，哈德洛克螺母因成本高不被客户认可，可他并不放弃。终于，日本最大的铁路公司 JR 采用了它，并全面用于日本新干线。走到这一步，若林克彦花了 20 年。

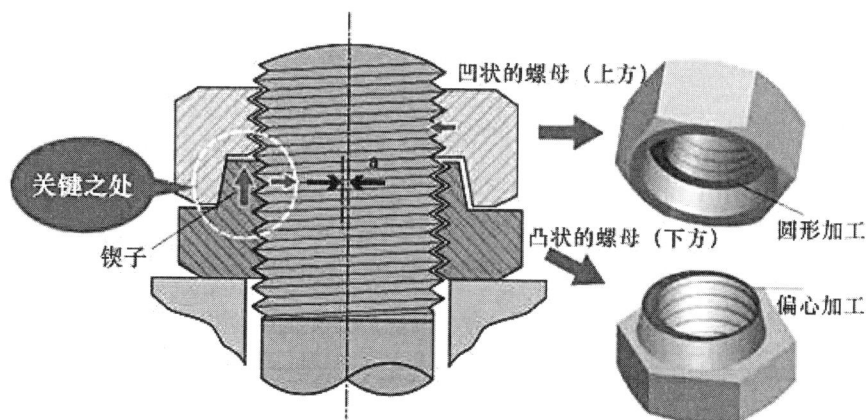

哈德洛克（Hard Lock）工业株式会社生产的"永不松动"螺母

如今，哈德洛克螺母不仅在日本，甚至在全世界都已得到广泛应用。哈德洛克的网页上有非常自负的一笔注脚：本公司常年积累的独特的技术和诀窍，对不同的尺寸和材质有不同的对应偏芯量，这是哈德洛克螺母无法被模仿的关键所在。也就是明确告诉模仿者，小小的螺母很不起眼，而且物理结构很容易解剖，但即使把图纸给你，它的加工技术和各种参数配合也并不是一般工人能实现的，只有真正的专家级的工匠才能做到。

3. 凝聚形成的社会价值观

日本匠人精神的核心还在于不仅仅是把工作当作赚钱的工具，而是树立一种对工作执着、对所做的事情和生产的产品精益求精、精雕细琢的精神。在众多的日本企业中，工匠精神在企业上与下之间形成了一种文化与思想上的共同价值观，并由此培育出企业的内生动力。

树研工业1998年生产出世界第一的十万分之一克的齿轮，为了完成这种齿轮的量产，他们消耗了整整6年时间；2002年树研工业又批量生产出重量为百万分之一克的超小齿轮，这种世界上最小最轻的有5个小齿、直径0.147毫米、宽0.08毫米的齿轮被昵称为"粉末齿轮"。这种粉末齿轮到目前为止，在任何行业都完全没有使用的机会，真正"英雄无用武之地"，那树研工业为什么要投入2亿日元去开发这种没有实际用途的产品呢？这其实就是一种匠人精神在制造企业的体现，既然研究一个领域，就要做到极致。这其实也是日本匠人文化在制造企业的体现。

因此，日本匠人文化最可贵之处，就在于沉静务实的自我定位和企业定位，那种淡泊明志、宁静致远的企业心绪让企业走得更稳更远。在20世纪80年代中后期泡沫经济破灭后，日本经历了迷失时期，那些拥有核心技术的中小企业基本上都存活下来了，而且现在都活得不错，不论工匠主导型、加工配套型还是全球型，在日本最有竞争力的领域，中小企业的参与度都特别高。

关于日本匠人文化的例子数不胜数，日本工匠们特有的精益求精的极其认真的工作精神是代代相传的。同时，日本的工匠精神还包括踏踏实实、干一行爱一行的敬业精神。日本很多手工作坊，店铺不大，但是已经经营了几代人，而且那份手艺代代相传一点没有走样。这些店铺并不走连锁扩大经营的路线，而是严守那份手艺，严守对顾客的承诺，严控服务环节，踏踏实实、本本分分地经营着。在日本，木工师傅是一个被人看重的职业，因为日本的许多家庭的房子还是木结构的。造房子时需要木工师傅精细地一根一根加工好。所以在日本人特别是日本孩子眼中，木工师傅是特令人敬佩的职业。根据调查，日本男孩理想职业中，木工师傅能排进前5名。

匠人精神其实并不限于日本的手艺人，它也是日本社会整体具有的一种工作精神。他们对待工作的敬业和认真的态度使日本的产品得到了世界的好评，这也是日本经济的发展水平一直处于世界前列的重要原因之一。以小为主的企业风格折射出日本的两种思路，核心技术放在第一位，将企业控制在适度规模，规模小影响却很大，由此可见重视技术有多么的重要。

正是日本全体上下这种精益求精的追求，燃起了日本独特的"匠人魂"，凝聚起整个民族的创造力。时下"创新"和"创造"被国人广为提及，但我们必须清楚，制造是创造的基础，创造是高层次的制造，没有匠人精神作支撑，强大的制造业就无从谈起。如果说"创新""创造"是发展的动力，那么，"匠人精神""制造"则是立命之本。

二、德国：对质量近乎宗教般狂热

回溯德国的现代化进程，我们发现，在 20 世纪之前，德国工业产品大多是粗制滥造、山寨抄袭的低端产品，其形象并不乐观。当时世界上最强大的工业强国英国甚至明文规定，所有德国进口的商品必须标注"德国制造"，以此来区分英德两国的产品，在一定程度上，这是一项针对"德国制造"的侮辱性条款。德国及时吸取了经验教训，坚定地走上一条"质量立国"之路，不仅很快就让英国人刮目相看，也支撑了德国在随后的100 余年时间内数度重新崛起成为世界强国。

今天，在德国人的价值观里，奉行着"要么不做，要做最好"的原则，始终将质量置于数量之前，将品质置于利润之前，认为"没有质量的数量是毫无意义的，没有品质的利润是不能长远的"。正是这种坚持，使得"德国制造"完成了由劣变优的转变，自 20 世纪中叶以来，成为全球市场上毫无争议的"质量和品质"的代名词。

1. 工匠精神——成就德国百年企业的钥匙

舒马赫、施耐德、施密特、穆勒、施泰因曼……这些流行的德国姓氏有什么共同点？在德语里，它们都代表一门职业：制鞋匠、裁缝、铁匠、磨坊主、石匠。从中世纪开始，老师傅带几个学徒做手艺，就成为德国人的职业常态。时移势易，工业化取代了小作坊，但匠人的基本精神没有变。工匠精神是德国企业百年成就的钥匙，无论是汉高、拜耳、博世，还是西门子、施耐德，这些品牌的背后都有一个名字，而这个名字背后则代表着从无到有，从一个人到一个家族再到一个国际企业，充满荆棘的光荣之路。

德国 BORGWARD（宝沃）由天才汽车狂人卡尔·弗里德里希·威尔海姆·宝沃于 1919 年在德国不莱梅创建，是德国汽车工业的奠基人之一。德国 BORGWARD（宝沃）曾以 60% 的出口份额成为德国第三大汽车生产制造商，销量率先突破百万，成就了一段汽车工业的传奇。传奇的缔造并非偶然，在 20 世纪中期，德国 BORGWARD（宝沃）就以对细节的执著追求备受业界推崇。其最杰出的作品之一——伊莎贝拉，从灵感迸发到最终面世，经过了上千次设计手稿修改。车内的每一处实木饰件均经过高级技师的精心挑选，并经过十余道工序的打磨，以确保每一处细节都拥有清晰的木纹和夺目的光泽。车内选用的皮革经过悉心鞣制、精细切割以及手工缝制后，被唤起低调独特的光泽和触手生温的细腻质感，更是随着时间的磨砺沉淀出优雅的韵味。不仅如此，伊莎贝拉车内的金属按钮均经过上百次的按压测试，以保证出厂的每一枚按钮都拥有如琴键般结实厚重的触感。

宝沃汽车历史上的当家花旦——伊莎贝拉车型

在工匠精神的指引下，伊莎贝拉将外观革新、工艺品质、性能优势集于一身，成为德国经济奇迹时期的梦想之车。对每件产品每道工序都凝神聚力，精益求精，其折射的是德国工匠在现代化大生产时代的工匠精神。

万宝龙于 1906 年在德国汉堡由一个文具商、一个工程师和一个银行家共同创立。它的名字代表着书写的艺术。笔顶的六角白星标记，是俯瞰勃朗峰的轮廓，象征着欧洲最高山峰的雪顶冠冕，而每支笔尖上的"4810"字样，正是勃朗峰的高度。万宝龙的钢笔外壳由独特的合成树脂材料制成，这种材料专利由 12 个万宝龙工匠花了数年时间才研制成功。即便使用十年以上的时间，笔杆的润泽度也只会有增无减。笔尖往往是钢笔中最具工艺精度的部分，万宝龙笔尖上的精致花纹都由制笔工匠手工雕刻。而在笔尖打磨环节完成后，万宝龙的测试技师需要拿每一支笔在纸上书写，并仔细倾听笔尖摩擦纸张的声音来判断笔尖是否磨好，如有瑕疵则需要返回工厂进行修改。

万宝龙钢笔

　　近百年时间里，万宝龙系列产品曾与无数风云人物一同指点江山、运筹帷幄，共书世界历史。他们制造的产品也完美诠释出独到的品牌精髓：细腻考究的工艺和对生命、思想及文化等人文精神的推崇。

　　李工真教授在其著作《德意志道路》中梳理了德国两百年现代化的艰难历程。从经济发展的视角来说，"德意志道路"也可以被视为一条技术立国、制造兴国的道路，而从内部支撑这一道路的是一种"工匠精神"——对质量和技术近乎宗教般的狂热远大于对利润的追逐。因此，奉行这种精神的企业主，本身在自我定位上就并不单纯是一个商人，更是一个矢志要以技术改变世界的工程师。他们并非不关心金钱，只是把技术、工作本身置于利润之上。这种精神让"德国制造"声名显赫，让德国百年工业品牌扎堆出现，让德国在欧洲经济一片困顿时一枝独秀。

2.珍视"身后名"，不贪"眼前利"

人们常常用"严谨""认真"等字眼形容德国人，这种性格塑造了德国特色的制造业和家族企业。"专注"是其"理性严谨"民族性格的行为方式。德国制造业者，"小事大作，小企大业"，不求规模大，但求实力强。"大"并不是目的，而是"强"的自然结果。德国除了人们耳熟能详的奔驰、宝马、汉高、西门子等全球知名品牌之外，还有数以千计的实力雄厚的中小企业，它们术业有专攻，在各自领域都是全球市场的隐形财军。

德国人对工作负责、对客户负责、对产品负责，并以人的可靠和诚实，保证了产品的可靠和真实，世人公认德国制造无假货，并且货真价实。此外，德国人"理性严谨"的民族性格，必然演化为其生活与工作中的"标准主义"。这种标准化性格也必然被带入其制造业。在德国制造体系之中，生产制造之前，往往先立标准。数据显示，全球2/3的国际机械制造标准来自"德国标准化学会标准"。对于标准的依赖、追求和坚守，必然导致对于精确的追求。而对于精确的追求，又反过来提高标准的精度。德国人的精确主义，必然会带入其制造业。他们几十年、几百年专注于一项产品领域，力图做到最强，并成就大业。

德国的产品不打价格战，不与同行竞争，一是由于有行业保护，二是他们认为价格并非决定一切，打价格战可能会让整个行业都陷入恶性循环。德国企业是要追求利润，但是只要能保证基本利润，有钱可赚，德国人并不是那么贪得无厌无休止地追求利润的，而是要考虑更长远的可持续发展的问题。工匠精湛的技艺尽其本职，也就在于产生优良的作品，使消费者得到利益，而不光是为了让制作者自身获益。因此，工匠的技艺全在于追求作品的完美与极致，依靠正义的原则与追求圆满为工匠的存在提供了道德上的正当性。

在一次记者招待会上，一位外国记者问彼得·冯·西门子：为什么一个8000万人口的德国，竟然会有2300多个世界名牌呢？这位西门子公司的总裁是这样回答他的：这靠的是我们德国人的工作态度，对每个生产技术细节的重视，我们德国的企业员工承担着生产一流产品的义务，提供良好售后服务的义务。当时那位记者反问他：企业的最终目标不就是利润的最大化吗？管它什么义务呢？西门子总裁回答道：不，那是英美的经济学，我们德国人有自己的经济学。我们德国人的经济学就追求两点：一是生产过程的和谐与安全，二是高科技产品的实用性。这才是企业生产的灵魂，而不是什么利润的最大化企业运作。不仅仅是为了经济利益。事实上，遵守企业道德精益求精制造产品，更是被德

西门子公司创始人维尔纳·冯·西门子

国企业认为是与生俱来的天职和义务！因此，德国人宁愿在保证基本利润的同时，让部分利润转化成更高质量的产品和更加完善的服务。

3.高度重视高技能人才培养

作为一个自然资源相对匮乏的国家，德国必须依靠人力劳动来实现发展。德国前总统赫尔佐克曾说："为保持经济竞争力，德国需要的不是更多的博士，而是更多的技师。"虽是极而言之，但也道出了高技能人才对德国实体经济的特殊重要性。因此，从战略层面，德国高度重视职业教育，形成了独具特色的双元职业教育体系。

所谓双元，是指职业培训须经过两个场所的培训，一元是指职业学校，另一元是企业或公共事业单位等校外实训场所。这种体系可追溯到18世纪末，在19世纪末初步成形。德国各行各业都有行业协会，工业化开始后，行业协会牵头各方设立学校，开展职业培训。工人一边上学，一边工作，以学生在企业进行实践操作技能培训为主，在职业学校完成理论知识为辅，两者密切合作、交替进行，形成一个整体。形成了独具特色的双元制职业教育。技工不懈努力，最高可获得"工业大师"称号。"工业大师"证书既是对技艺的认可，也是荣誉的象征。

德国造产品之所以在国际市场上被认可，得益于双元制教育体系培养出一大批能将创新设计落实为高精尖产品的技能人才。国家在扶持科技研发、资助基础教育时不计成本，仅科研一项，每年的投入都在700亿欧元以上。技能人才培养中，"Made in Germany（德国制造）"一个成功秘诀是在工程师、技术员等设计人才和高质量的技工之间，还有一类动手和动脑能力兼备的高技能人才——工业技师，也可以称之为"工匠"。这类特殊技能人才是德国专门培养的，能做到一些其他国家技工做不到的事情。可以说，德国职业教育不仅为国家源源不断地输送高素质的技术工人，而且使社会阶层流动更加平稳有序。

在德国没有"万般皆下品，唯有读书高"一说，缺乏足够意愿读大学的高中生可以在职业技术学院获得专业的培训，然后自信地走向市场，凭借过硬的实际操作技能和工作经验证明自己的价值。工业技师培训班学员需要经过大约30个月，每周10小时的严格培训。培训的主要目标是在培养学员熟练掌握技工所需的生产加工技巧等硬技能基础上，再通过理论和实践课赋予其组织加工生产、质量保障和生产成本管控等方面的理论知识、解决问题技巧和人员管理技巧等"软技能"。

技师在德国工业企业扮演着重要角色，其意义已经远远超出经济活动和专业工作的本身。技师不但是工程师与工人之间、工程师与工人"言语体系"之间以及生产车间和技术科室之间联系的桥梁，而且具有重要的社会价值，即技师为技术工人的职务晋升和社会地位提高提供了途径。

由此可以看出，工业技师在德国现代化工业生产中发挥的作用是既要能带好技工队伍高质量完成生产目标，又要能在领会新产品设计原理基础上根据产能、设备和人员实际情况组织好实际生产。在企业管理的等级制度中，工业技师起着连接管理层和技工、将理论与实际相结合的中枢纽带作用。

今天，德国经济结构中30%为制造业，如果算上出口，工业制造几乎占据德国经济的半壁江山。作为制造强国，德国需要时刻在技术水平、创新能力上保持领先，而其地位正受到外部挑战。其一是以美国为代表的发达国家正凭借其信息技术优势进行"再工业化"，其二是以中国为代表的新兴经济体正在传统制造领域抢占市场份额。这里的再工业化，硬件上，就是数字化工厂、工业自动化、工业机器人、物联网、增强型虚拟现实等的技术发展。软件上，依然是德国以企业为核心，以工匠精神为主导的创新精神，以及严谨的生产禀性。正是软硬件协调发展，由现代科技、工匠精神、人才培养形成的铁三角保证了德国制造立于不败之地。

三、美国: 发扬光大的"职业精神"

1.兼容并包的文化大熔炉

美国作为一个移民国家,其文化有着一个非常鲜明的特点。不同文化并存,它们互相交流、互相促进,形成一个文化大熔炉。相对于拥有较长历史的欧亚各国,美国文化和美国精神具有鲜明的特征。总体来说,美国文化是指自由、平等、法治、共享、宽容、妥协;美国精神是指奋斗、竞争、进取。美国就是在这样的勇于创新、勇于突破现状的文化与精神指引下,在二战后逐步发展成为经济第一强国。美国随处可见的是创新精神,但是美国人的创新能力与实践能力是并存的,美国人不会只把想法停留在口头上,他们会想尽一切办法去实践、去实现想法。

工匠精神,在美国被称为"职业精神"。所谓职业精神,就是指在某项具体的工作上几十年如一日精益求精,打造顶级的质量。职业精神可以适用于任何领域,农、工、商,都可以贯彻。

刚来美国的华人会经常感慨，美国人做什么事情都很慢，铺个路也要好几个月。但是仔细想一下，除了美国人不肯加班以外，还有一个主要因素是"职业精神"使然，职业精神要求在铺设道路的过程中，每一个工序都不会被省略，每一道工序所需要耗费的时间也是必须的。不同的道路铺设过程有不同的标准，如果仔细观察美国纽约街道铺设的程序与细节，会发现在美国住宅附近街道的铺设过程中，即便是一个小小的施工团队，也会严格按照这样的施工标准实施，道路应该挖多深、每一块铺设混凝土块应分割多大、在灌入混凝土前应放入钢丝，没有任何人监督或者检查的情况下，他们会像对待一件艺术品一样，不紧不慢地认真完成。

在美国，绝大多数工匠们对自己的职业是很热爱的，他们恪守这种职业精神与职业操守去完成每一件手工制作环节。

2. 创新精神是美国工匠精神的根源

"当我们追溯美国创新能力的根源时，有一个事实是无法被忽视的——国家中最有影响力的人，美国的开国元勋们，都曾经以工匠的身份改变着美国，改变着整个世界。富兰克林的壁炉、玻璃琴，华盛顿的水利工程，托马斯·杰斐逊的坡地犁，詹姆斯·麦迪逊的内置显微镜手杖……从美国建国之初到今天，工匠精神起起落落，一直伴随着这个国家的成长。"

很多美国开国元勋都是各个领域的工匠。托马斯·杰斐逊发明了坡地犁、旋转椅和通心粉机。詹姆斯·麦迪逊发明了一个观察地面上生物的内置显微镜手杖。亚历山大·汉密尔顿是当代金融工匠的鼻祖，他建立了联邦公共信用体系和美国造币局。

　　本杰明·富兰克林通常被认为是美国的第一位工匠，他的发明数量十分可观。几乎所有的学生都会在课本中学到，富兰克林式避雷针、富兰克林式壁炉、远视近视两用眼镜、里程表、玻璃口琴以及一个奇怪的音乐装置的发明者——他在英格兰见到有人用玻璃酒杯演奏乐曲，于是就利用一组玻璃碗设计出了这款装置。沃尔特·艾萨克森（Walter Isaacson）曾写道，富兰克林"既没有接受过学术训练，也不具备一个伟大的理论家所需的扎实的数学基础，他对于自己口中的'科学娱乐'的追求，让一些人并没有把他视为一个纯粹的工匠"。作为那个年代最著名的科学家，他还独自完成了电力实验。

通过了解本杰明·富兰克林在政治之外的工匠活动，我们就能够定义美国建立早期"工匠"这个角色的内涵，并更好地理解美国工匠精神在这个时代的体现。

　　乔治·华盛顿拥有的则是和富兰克林完全不同的声望。华盛顿是一位领导者和战争英雄——全身充满力量的，高大、威武的男人，他拥有典型的 A 型人格，不会自我反省，也没有与目标无关的爱好。然而，如果我们从另一个角度来看这位美国第一任总统，就会发现他也是一个工匠，和富兰克林一样充满激情和创造力。无论是在被选为总统之前还是在就任总统之后，华盛顿都只把自己当作一名农夫。但他不是一名普通的农夫，而是一名聪明、有创新性的农夫。"他是美国最先开展农场实验的农业工作者之一"，作家、教育家保罗·利兰·霍沃思（Paul Leland

Haworth）写道，"他永远在留意更好的方法，为了发现最好的肥料、最好的避免作物病虫害的方式、最好的培育方法，他愿意倾其所有，他曾说过，他不愿意沿着父辈们走出的道路前行。"

我们不难发现，在好奇心驱使下去解决实际问题的过程中，美国工匠精神的重要核心体现在勇于创新上。美国的工匠们在广袤的美洲大地，面对全新的生活，用美国人奔放的热情，综合创新地解决问题，成为美国工匠精神特有的品质。

3.实用主义与标准化是美国工匠精神的另一个重要内涵

美国工匠精神中另一个重要特征就是实用主义和标准化。1798 年，美国的 E. 惠特尼首创了生产分工专业化、产品零部件标准化的生产方式，成为"标准化之父"。而美国的经济迅猛发展，也或多或少得益于美国制造行业的标准化意识。虽然标准化是相对机械化大生产过程的产物，但这并不影响美国工匠们对于标准化、专利的追求。

在全球顶级钢琴制造企业美国施坦威公司，80%的工序都还是纯手工制作的。一位合格的钢琴制造师起码需 3 年半的学徒才可以正式工作。在这 3 年半时间内，1/4 的时间是在钢琴制造学校学习，3/4 的时间则在琴厂做手工。施坦威公司相信乐器也是有生命的。钢琴上的每一样材料都要经过非常细致的选择。原先白键要用象牙，黑键用产于非洲的乌木，但后来为了保护野生动物改用化学键。象牙键的优点在于可以吸汗，化学键则耐磨、不变色、寿命长，而且经过不断改进硬度已经很接近象牙了。在木材的选择上也是近乎挑剔，木材需要自然干燥 3 年，然后再电子干燥 40—50 天。即使这样，最后的利用率还不到 40%。另外，钢琴很多部件用木头制成，气候直接影响钢琴的音色。施坦威公司就在厂房中模拟各种气候，以使其适应。举个例子，如果这种琴是销到非洲的，则施坦威公司会模拟出非洲的热带气候。

美国工匠手工制作施坦威钢琴

实用主义根植于美国社会和文化之中，它作为美国唯一土生土长的哲学和民族精神，以 300 年前的本杰明·富兰克林为起点，从早期充满冒险的开拓到美国国家的创立，从美国的工商业革命到信息化时代，它形成了美国人的生活方式和思维方式。

Walker 制作的每把刀子，最多可以开价到 5 位数美金。不过 Walker 的成就并不止于此，在他的制刀生涯中，总共取得了超过 20 项专利和商标，其中包括至今成为折叠刀标准规格的衬锁。说到衬锁的由来还挺有趣的。最早有人向他定制 10 把直刀，之后又请他制作刀鞘。但是 Walker 完成刀鞘后，却不怎么喜欢成品，于是他尝试将直刀转为折叠刀，这样就用不到刀鞘，而这也开启了他的发明生涯。早期的折叠刀是透过弹力压杆来压住刀刃，为了固定刀刃，因此在刀柄内侧藏了一个内衬锁片，当刀刃被打开时，内衬锁片就可以顶紧刀根，固定刀刃。由于锁片被藏在刀柄内，成为衬锁。然而 Walker 发现，旧式的衬锁中，大部分的衬锁的锁定功能都被弹簧所抵消，因此 Walker 决定拿掉弹簧，直接让弹簧和锁定装置一体形成新的衬锁，以加强衬锁的"锁"力。根据实测，Walker 所设计的新款衬锁比原来的标准锁定装置增强了 4 倍。此外，Walker 还为衬锁设计了自我调整的机制，以确保刀刃不会随时间松脱。

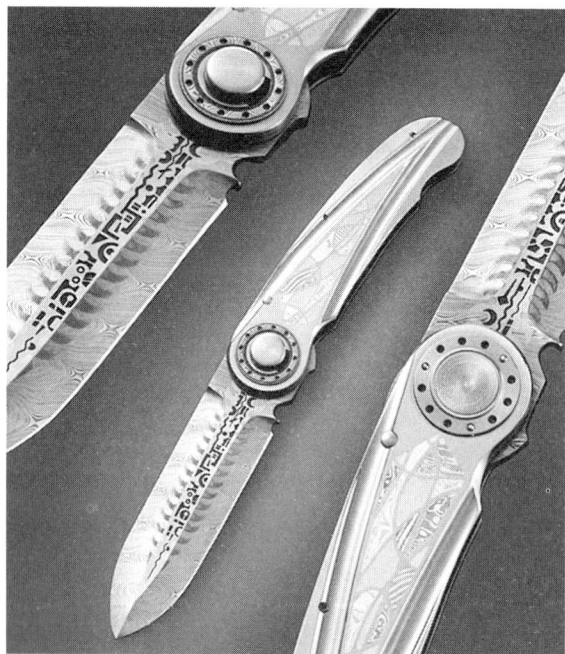

Michale Walker 制刀师制作的刀具

实用主义成为一种美国工匠特有的性格和气质，它深刻影响着美国的过去、现在和未来。

国际金融危机后，欧美等发达国家重新认识到发展实体经济特别是制造业的重要性，纷纷提出"再工业化"战略，以抢占世界经济和科技发展的制高点。为此，美国动作频繁，先后制定了《重振美国制造业框架》，通过了《制造业促进法案》。

2012年2月，美国总统执行办公室国家科技委员会发布了"先进制造业国家战略计划"的研究报告。该报告从投资、劳动力和创新等方面提出了促进美国先进制造业发展的五大目标及相应的对策措施。这是美国政府从国家战略层面提出的加快创新、促进美国先进制造业发展的具体建议和措施。"先进制造业国家战略计划"明确了三大原则，分别是：完善先进制造业创新政策；加强"产业公地"建设；优化政府投资。该报告提出的五大目标分别是：加快中小企业投资；提高劳动力技能；建立健全伙伴关系；调整优化政府投资；加大研发投资力度。

美国"先进制造业国家战略计划"是对美国"再工业化"战略的贯彻落实，该计划是从国家战略层面提出的促进先进制造业发展的政策措施，更是对美国工匠精神的复兴。旨在使大批既具有求实才干、又富有创新精神的"工匠"对推动美国社会进步做出贡献。工匠精神，塑造了这个国度，成为美国社会发展生生不息的重要源泉。

四、意大利：高度尊重人和物

1."纯手工打造"的执着

意大利是一个具有悠久历史的国家，曾经拥有罗马帝国这样伟大辉煌的时期。悠久的历史，先进的文明，文艺复兴思潮在文化、音乐、艺术、建筑、科学等诸多方面对意大利产生了深远影响，为意大利不仅留下了诸多美轮美奂的文物古迹，同时也让意大利手工艺得到了巨大的发展。

仔细观察意大利的工业企业就会发现，"豪华游艇""超级跑车""奢侈品""数控机床""高端厨具""服装定制"等产业非常发达。他们都有着一个共同的特点，即小批量制造，甚至是单独定做。在小批量制造的过程中，以手工业为主，并且十分强调"纯手工打造"，以此提高意大利产品在世界范围的高端形象，而这种生产方式对工人的技能要求极高。

意大利是拥有国际服饰知名品牌最多的一个国家，也是目前拥有传统男装裁缝匠数量最多的国家。手工高级男装定制代表着最高品质，备受世界各地追求高品质生活人士的青睐。据美国奢侈品研究院 Luxury Institute

在富豪中所做的抽样调查，美国富豪十大服饰品牌中意大利品牌占到八席，而与 Versace（范思哲）打成平手的 Tom Ford（汤姆福特）背后站着的却也是一位来自意大利的裁缝。

意大利高级定制服装，裁缝往往需要针对每位客户单独设计。这也是意大利高级定制最大的魅力之处。既不同于法国时装的梦幻实验性，也不同于美国时装的纯粹商业性，意大利时装强调以经典简约的表现手法表现色彩的多样性；不仅如此，定制服装还坚持单人单版。制版师会依据客人的体型以及活动环境专门裁剪出一个只属于客户本人的板型，而不是像有些定制裁缝店那样，根据现有板型进行修改调整（套码或套版套制）。

在意大利，真正的高级定制西装所有的工序都需要纯手工完成，手工流水线的耗时比机械化生产要多很多倍。每套高级定制西装缝制有 20 多道工序，每道工序由一名裁缝负责完成，一套西装的制作周期大概在 25 个小时，也就是说 20 多个工人至少需要工作 3 天，才能做成一套西装。在制作过程中，定制服装高度注重品质。小到纽扣的天然苛求，大到面料的整体成色。每一缕一线都集尽全力的追求顶级品质。在选择面料时，要求面料契合，条纹和格子面料的西服非常讲究对条对格，西服上衣兜盖上的条纹和兜盖上方的条纹必须对齐，身上的格子和袖子上的格子要一致。而且由于每位裁缝的性别、年龄、力度的不同，会影响缝线的松紧程度，这将直接影响到顾客的穿着感受。因此，每道工序又配有一名经验丰富的裁缝作为"质量监督人"进行检查，确认没有质量问题的衣服才可以进入下一个流程。由于每位裁缝都经过严格的培训，而且有很多年的实际操作经验，因此实际返工率能做到不超过 1%。

意大利裁缝为客人定制西装

　　意大利企业在单一产品上精益求精，不惜耗费大量的时间和高昂的成本。这些手工劳作的劳动者，具有高超的技巧与优良的传统，介于普通工人和艺术家之间，产品制作过程中，凝结了手工匠人的大量心血，很多产品已经属于艺术品范畴。

2."以用户为中心"的精益求精

　　意大利在现代工业化生产中，摈弃工业化的简单复制，尊崇个体的审美情趣，以用户为中心，通过工匠师的手与心体现对人和物的高度尊重，这是意大利工匠精神的精髓，也是意大利许多高品质产品得以传承百年、闻名全球的原因。

　　意大利纺织面料全球闻名，成功因素之一在于制作者对产品质量分毫必较，不放过一丁点的瑕疵。在意大利"国宝级"毛纺品牌、顶级毛料和奢侈品成衣制造商诺悠翩雅（LoroPiana）的质检车间，工人把成品面料放在光源检查板上一寸寸移动，能在连专业面料采购人员都完全看不出瑕疵的地方迅速发现隐藏的疵点，并瞬间修补完毕。企业官方提供的工艺介绍材料中说，一些毛纤维很细，织得紧密时出现轻微断线、打结等瑕疵很难察觉，但如果不及时处理，瑕疵最终多多少少会体现在成品上，影响外观。而发现瑕疵的能力就要归功于在老师傅的教授下每位工人在学徒期间练就的火眼金睛。诺悠翩雅品牌创始人之一皮埃尔·路易吉·洛罗·皮亚纳认为，坚持保证产品品质是这个传承六代企业的"DNA"，也是意大利制造的精髓。

质检车间工人在检查面料质量

高质量必然对工人的生产、加工技能提出更高要求。要真正提高质量，除了采取最先进、最适合自身产品特点的技术设备外，对每个环节的质量控制尤为关键。企业对原料纯净度的控制和工艺控制的要求更高、控制系统更为复杂，虽然这样做成本又高又费时间。对产品质量无穷尽的追求，正是意大利工匠精神最基本的内涵。

3.品质与设计并重的工匠精神精髓

意大利的设计闻名遐迩，往往能开世界之先河。每年4月份的米兰设计周更是令世界各地的设计创意人才趋之若鹜。意大利制造之所以享誉世界，究其原因除了品质卓越之外，其设计同样也引领着世界潮流。受历史传统影响，意大利的设计者就如同手工艺人一样，人人在追求精益求精之外，品位也非常重要。

在意大利众多重视品质与设计并重的品牌中，LOCATI品牌是最有代表性的，如果说到它的等级定位，应该还在PRADA、LV之上。早在19世纪末，年轻的LUICI LOCATI在米兰开设了第一家自己的手工皮货店，专为教会与达官贵族设计制作精美的皮质书封和信封。因其独特的设计与卓越的品质，被邀请为贵族设计酒会专用手袋，因而名声大噪，LOCATI手袋逐渐在意大利上流社会中流传。

1908年，LUICI LOCATI的儿子EMANUE LELOCATI创造性的将金丝银线、皮线及各种面料融合运用到手袋制作中，LOCATI独特的手工金银绣花工艺，无疑是现代手袋发展史上重要的里程碑，直至今日此工艺制作的手袋仍是LOCATI旗下的明星产品，深受客户喜爱。

"一战"后，LUICI LOCATI 两个年轻的儿子接手了家族生意，为了给品牌拓展更广阔的市场，LOCATI 在巴黎接触到新的艺术设计灵感，将新颖面料融入到产品设计中，成为当时第一个成功将巴黎流行引入意大利的设计师品牌。最难能可贵的是，第二次世界大战时，很多奢侈品品牌倒闭，在当时米兰手工业最艰难的时期，LOCATI 坚持了下来。战争结束后，LOCATI 的第三代传人 GIANNI 将毁于战火的工厂和店面又重新建起来，拜访了全意大利的客户，与法国、德国、英国建立了商业网，并将各国流行趋势更多地引入到产品制作中。在 LOCATI 的生产车间，十几个工人协作完成一件手袋，每一道程序都是那么的认真，用精雕细琢来形容也不为过。

创于 1908 年的 LEULOCATI 品牌

　　另一个重视品质和设计并重的经典品牌是亚捷奥尼（ARTIOLI）。ARTIOLI 在意大利手工制鞋业享有超过一个世纪的盛誉，有行业晴雨表和鞋中劳斯莱斯之称。

　　塞维利诺·亚捷奥尼在 1912 年于费拉拉城镇开始他的制鞋生涯，他将传统制鞋技术与高科技融合于一身，这在当时产生了巨大的影响。当时的制鞋工艺落后，工具简陋，以至于各个产品间区别不大。经塞维利诺及其邀请的机械专家们研究，很快便改进了具有革新意义的工具以及生产工序，在随后的几年里这些成果逐步被应用到制鞋工艺中。

鞋匠手工制作皮鞋

　　亚捷奥尼手工生产出来的皮鞋制作工艺非常复杂，每一道工序都经过经验丰富的鞋匠仔细完成，需要两百多道工序制成，这些工序是经过两个世纪沉淀出来。鞋匠们将这些知识和经验融入到最高质量的皮料中制成亚捷奥尼皮鞋，每双鞋都蕴含着时光沉淀下来的财富。高质量皮料可以让您的脚部呼吸顺畅，特殊材质和经针线缝制的鞋底可以保持脚部的干爽。鞋宽大、松软的前部极致舒适，鞋跟通过加硬处理，展现出鞋的完美曲线；适度加硬的鞋弓和跟部可以有效缓冲身体重量带给鞋子的冲击。所有这些特性均来自于鞋匠的一流工艺和最好的材质，为穿着带来个性化的极致享受。亚捷奥尼皮鞋产品被人们视为经典产品，每一双亚捷奥尼皮鞋体现的都是意大利的制鞋文化、品质和精髓以及对完美追求的化身。质量和创新设计一直都是亚捷奥尼的两大核心要素，其传统将在后代为家族品牌的未来共同奋斗中延续。

　　这些经典品牌传递出意大利制造的精髓，那就是重视传统制作技能的传承和产品细节的琢磨，正是这一点造就了意大利独特的工业强国地位，品质与设计并重的精神让意大利产品持续荣耀。

第三章

中国制造的工匠精神

是郝建秀、饶斌这一批不畏艰难、勇于奉献的时代先驱们,历经 30 年的发愤图强,为新中国打造出完整的工业体系;是华为这样的企业,在 30 多年的改革大潮中,心无旁骛、始终如一地视质量为生命,在世界之林挺起中国制造的脊梁。是中国政府和人民在面临诸多问题、应对挑战的过程中缔造了不朽的成就,赢得世界的瞩目与掌声。

如今,"中国制造"已然成为中华人民共和国不可小觑的国家名片,"世界工厂"已经成为中华民族的别称。然而,制造大国而非强国的处境以及质量和品牌的差距为中国制造平添许多遗憾和新的挑战。痛定思痛,中国政府着手严格调整产品制造的运行机制,当产品制造最终追溯到制作者这一根本性角色时,工匠精神的价值也召之即出。

工匠之意泛指任何一个行业的个人及群体；它不拘于技，不止于器，也同样寓于理和道；工匠精神不是"匠气"，而是匠心，是匠魂，是人对待工作的态度和其职业素养的体现。工匠精神为我国制造业的发展与兴盛提供强大的精神动力。

一、工匠精神在工业领域的杰出代表

工匠精神自是少不了作为模范与榜样的工匠本人，他们用自己的汗水与心血铸就了中国工业的辉煌。新中国工业从初具规模到逐步完善以至逐渐发展壮大，这一路前行离不开一代又一代工匠们的伟大贡献。

1949 年中华人民共和国成立，开辟了中国历史的新纪元。从此，中国结束了一百多年被侵略被奴役的屈辱历史，真正成为独立自主的国家。完成了新中国成立初期国民经济的恢复任务之后，党和政府及时地把实现工业化的历史任务提到中心日程，着手部署和规划国家工业化建设的蓝图。中国逐步建立起一套独立完整的工业体系，从根本上解决了工业化中"从无到有"的问题。工业生产在社会生产中占据主要地位，工业在整个国民经济中的比重不断提高。改革开放之后，中国工业加速发展，综合实力不断增强，实现了工业化初期向中期的历史性跨越。特别是 21 世纪以后，中国崛起成为制造业大国，被称为"世界工厂"，在世界经济格局中发挥着举足轻重的影响。

新中国成立 60 多年工业建设的辉煌，来自于优先发展工业的战略路径，来自于中国特色新型工业化道路的抉择，更来自于新中国几代人的不懈追求，同时也是精益求精、执着专一、兢兢业业工匠精神的结晶。

1. 从平凡到伟大——郝建秀

新中国成立初期，郝建秀作为工匠精神的典型代表，为纺织产业的发展与进步作出杰出贡献，也为后代工匠们的历练与培养提供了榜样。1949 年，郝建秀进入青岛国棉六厂当工人。仅仅用了两年时间，细心的郝建秀就摸索出改进整个纺织业技术的"细纱工作法"，并在全国推广，使得整个企业产量大幅提高，那一年她年仅 16 岁。

解放初期，青岛国棉六厂按清花、疏棉、摇纱、粗纱、细纱等不同工种分成不同车间，郝建秀被分到了细纱车间成为一名挡车工，她负责为棉线接头，这是一项简单而普通的工作，然而却不能掉以轻心，因为一旦接不好，棉线就会变得疙疙瘩瘩，成为皮辊花，只能被清理出来当边角料处理掉，这对于当时注重节俭的工业文化而言是一种浪费。皮辊花出得越多，就意味着纱线产量越低。工厂对工人每天的工作都会进行考核，标准则是拿着秤过磅每个人清出来的皮辊花重量。一旦超过标准，就会受到批评。

刚开始年龄幼小、毫无经验的郝建秀找不到干活的技巧，经常连续几天受到批评。有一次因为皮辊花超重，受到批评的郝建秀在回家的路上委屈地哭起来，她说："我不想拖集体后腿，一定要把技术搞上去。"

自此，郝建秀开始整日思考如何多纺纱、纺好纱，下班回家后她会在小本子上涂涂画画进行总结，第二天再带着新想法到车间去实践。此外，她还专门拜老工人为师。

为了掌握接线头技术，她下班以后不回家，虚心地站在老工人身旁，先是认真看，再自己实践，不懂就问，时间不长，接线头技术有了明显的提高。解放后的第一个"五一"国际劳动节期间，车间里开展了班与班、组与组、个人与个人之间以减少皮辊花为考核指标的劳动竞赛。皮辊花过磅先是以小组为单位，后又改为每台车、每个人为单位。每当在接断线头的时候，郝建秀总是在思考一个问题：如果没有断线头，光纺好纱，皮辊花不就少了吗？

有一次郝建秀正在接断线头，身边忽然冲起一片花毛，花毛所到之处一下子断了好几根线头。这个发现令郝建秀又惊又喜，为了证明自己的判断正确，她一次又一次地认真观察，当确认自己的发现完全正确以后，就在值车的过程当中走到哪里将卫生打扫到哪里，随时清除花毛，保持车面清洁。郝建秀觉着这样做比以前来回跑轻松得多，但这种工作法打破了以往多年的规律，她不确定这样做是否可行。为了更有把握，郝建秀打算再试验一段时间。又坚持了半个月，她终于摸到了规律，值起车来感觉轻松多了，效率也提高了很多。经过观察她还发现一个问题，纱锭还有10圈以上不能换，换得早容易断线头，在差两三圈的时候换最合适。这些问题的发现与挑战，激发起其钻研技术、攻克难关的极大热忱，工作越来越着迷，越干越能找到乐趣。

　　功夫不负有心人，凭着一股不服输的倔脾气，郝建秀终于在短时间内熟练地掌握了纺车的性能和操作规律，摸索出一套多纺纱、多织布的高产、优质、低耗的工作方法。郝建秀的"细纱工作法"创造了七个月细纱皮辊花率平均仅0.25%的新纪录，这个纪录为当时全国棉纺织工业平均皮辊花率的六分之一。

工作中的郝建秀

　　郝建秀接线好、浪费少、清洁棒的好技术最终引起原纺织工业部和全国纺织工会领导人的重视，他们专门派人来总结她的工作方法，甚至于相关部门组成专门小组，对郝建秀的接头动作、接头时间、清洁工作时间、动作顺序等进行观察、测定、分析和研究，总结出一套"细纱工作法"。1952年，在全国纺织系统大会上，这套方法被正式命名为"郝建秀工作法"。原纺织工业部和全国纺织工会随后发出指示，号召全国各地纺织企业普遍学习和推广"郝建秀细纱工作法"，她的经验在全国得到全面推广后，每年可为国家多生产4.4万件棉纱，相当于供400万人一年用布的棉纱。

在我们很多人看来，给棉线接头是再平凡不过的机械性劳动，甚至会被人贴上"廉价"或者"低微"的标签。这种工作既没有科技含量，也缺乏逻辑思维，因而纺织工充其量就是一名普通工人。但是郝建秀正是立足于自己平凡的岗位，兢兢业业，对自己所从事的工作不断思考、分析和研究，总结出一套先进高效率的工作方法，并在全国范围内进行推广，为人民和国家作出了巨大的贡献，这也昭告世人平凡中见证奇迹。

其实很多时候，我们都会因为自己工作的平凡和琐碎磨平意志，丧失了思考能力和对精益求精的追求，郝建秀的事迹告诉我们，即使是在平凡的岗位上，如果我们对工作认真专注，善于思考总结，并有着和她一样执着的工匠精神，也能像郝建秀一样在平凡中孕育出伟大，做出不平凡的事迹，铸就辉煌的人生。

2."工匠精神"的企业家代表——饶斌

现代化生产不是一个人能独立完成的，产品制造过程涉及很多工序、很多人，要融会贯通、统筹决策。从这个意义上讲，企业家也是"工匠精神"重要承载者和践行者。

如果说郝建秀是新中国成立初期普通工人工匠精神的卓越代表，那么被称为"中国汽车之父"的饶斌就是工匠精神企业家的代表。有人把新中国的汽车工业建设比喻成登山，那么在"一穷二白"、毫无基础的条件下创建中国的民族汽车工业，可以称得上是登上了世界的最高峰——珠穆朗玛峰。新中国刚成立之初，旧有工业的基础十分落后和薄弱且组成结构不合理。1949 年在全国工业总产值中，轻工业占 73.6%，重工业仅占 27.3%。到 1952 年国民经济恢复工作完成时，现代工业在工农业总产值中的比重只有 26.6%，重工业在工业总产值中的比重只有 35.5%。面对这种状况，毛泽东在 1954 年说过一段令人深思的话："现在我们能造什么？能造桌子椅子，能造茶碗茶壶，能种粮食，还能磨面粉，还能造纸，但是，一辆汽车、一架飞机、一辆坦克、一辆拖拉机都不能造。"

在艰苦卓绝的环境下，饶斌带领着中国汽车工业完成了开天辟地、波澜壮阔的奋斗历程，他更是其中一位伟大的先驱者。由于他对中国汽车工业做出的卓越贡献，后来他被称为中国汽车工业的奠基人，享有"中国汽车之父"的盛誉。

作为一个早年即投身革命的共产主义战士，饶斌在担任长春第一汽车制造厂厂长之前，已经是哈尔滨市市长。为了创建中国的民族汽车行业，饶斌毅然决然投身于艰苦受累的基层，自告奋勇要求去一汽工作。

1953 年，壮志满腔的饶斌全身心投入到中国第一个汽车厂的建设热潮之中。那段时间里，饶斌每天起早贪黑，终日在一汽的工地上忙碌。他不仅是汽车厂厂长，也是工地建筑公司的经理，在厂房建设的过程中，除处理事务外，他总是和苏联专家组长到工地了解、检查工作，发现问题及时解决，还随时向专家、工程技术人员和工人学习，发现施工质量问题，如浇注基座有蜂窝、挖基础时抽水不彻底、坑底不干等，他都严肃指出，要求认真纠正。

1958 年，毛泽东同志视察一汽时，饶斌（左一）汇报生产情况

　　在随后的生产建设中，饶斌强调贯彻工艺保证质量。工艺员经常下现场，许多问题与工人商量即解决了，也改善了劳技关系，建立了贯彻工艺的自检互检和调整工负责的制度。在保证质量的群众运动中，大部分单位的领导主动组织生产和检查人员一起分析质量动态，系统地解决了一些关键性问题。在质量小组提议下，每月研究 1—4 次质量问题，废品率高的单位开展废品会审，由检查科做好充分准备，大家看实物，开展讨论。一般一小时内解决问题。正是有着这样严谨、一丝不苟、精益求精的工匠精神，一汽的建设克服了种种困难，按时按质的建成，1956 年 7 月 14 日，一汽总装线上开出由中国人自己制造的第一批解放牌载货汽车，开创了中国汽车工业的新时代。

20 世纪五六十年代，中国的民族汽车工业处于一片空白，风险大、难度高、责任重，最大限度地考验着人的毅力和耐力。饶斌的选择在今天看来，可能不被很多人所理解，但饶斌就是这样一个充满爱国热情和崇高理想的优秀共产党员。他那认真严谨、一丝不苟、精益求精的工作态度又何尝不是一种工匠精神？

饶斌曾经说过一句话，至今振聋发聩、感人至深："我愿意躺在地上，化作一座桥，让大家踩着我的身躯走过，齐心协力地把轿车造出来，实现我们几代人的中国轿车梦。"正是在这样一种无私奉献精神的引领下，中国民族汽车工业乃至整个工业体系才能快速地从无到有，从小到大地发展起来。

3. 工匠精神助推科技发展——邓稼先

如果说中国民族汽车工业的发展离不开工匠精神，那么技术含量更高、结构更复杂、工艺更先进、管理水平和保密级别要求更高的"两弹一星"工程，则更是集中体现了科学技术领域里新材料、新设备、新工艺和新技术的最新成果，对"工匠精神"的诠释也更为深刻。

20世纪50年代中期，面对严峻的国际形势，为抵制帝国主义的武力威胁，党中央做出了独立自主研制"两弹一星"的战略决策。"两弹"中一弹为原子弹，后来演变为原子弹和氢弹的合称，即核弹；另一弹则指导弹；"一星"则是人造地球卫星。

"两弹一星"是一个国家科学、技术、人才等综合实力的反映。我国能在没有任何技术基础，没有外部援助的情况下实现高水平的技术跨越，以较短时间成功实现这一宏大的国家战略计划，离不开投身这个伟大工程的劳动者所具备的奉献精神，这一精神后来被赋予一个响亮的名号："两弹一星"精神，即"热爱祖国、无私奉献，自力更生、艰苦奋斗，大力协同、勇于登攀"。

正是拥有这样与工匠精神一脉相承的精神，我国的科技人员不怕狂风飞沙，不惧严寒酷暑；没有条件，创造条件；没有仪器，自己制造；缺少资料，刻苦钻研。他们以惊人的毅力和速度从无到有、从小到大，创造出"两弹一星"的丰功伟绩，取得了举世瞩目的辉煌成就。"两弹一星"之父，中国科学院院士、著名核物理学家、中国核武器研制工作的开拓者和奠基者邓稼先（1924—1986年），就是这样一个拥有"两弹一星"精神以及工匠精神的杰出代表。

邓稼先出生于安徽怀宁的书香世家，1941年考入西南联大物理系，1948—1950年，他在美国普渡大学留学并获得物理学博士学位。毕业当年，他拒绝了美国政府为其提供的良好科研条件与优越的物质条件，婉言谢绝了老师的邀请与同校好友的挽留，毅然选择回归故土报效祖国。

1950年8月，邓稼先在美国普渡大学获博士学位

1958年秋，时任二机部副部长的钱三强找到邓稼先，说"国家要放一个'大炮仗'"，问他是否愿意参加这项必须严格保密的工作，邓稼先义无反顾地立刻答应下来。回家后他简单地告诉妻子自己"要调动工作"，不能再照顾家庭和孩子，通信也很困难。从小就受到爱国思想熏陶的妻子对他表示理解和支持，结婚三十三年，他们在一起生活只有六年。

邓稼先被任命为原子弹的理论设计负责人，从此他把自己全部的心血都倾注到任务中去。他带着一批刚跨出校门的大学生，日夜挑砖拾瓦搞试验场地建设，硬是在乱坟里碾出一条柏油路来，在松树林旁盖起原子弹教学模型厅；在没有资料，缺乏试验条件的情况下，邓稼先挑起了探索原子弹理论的重任；为了当好原子弹设计先行工作的"龙头"，他带领大家刻苦学习理论，靠自己的力量搞尖端科学研究。

为了解开原子弹的科学之谜，在北京近郊，邓稼先和一群科学家们决心充分发挥集体的智慧，研制出我国的"争气弹"。那时，由于条件有限，只能使用算盘进行极为复杂的原子理论计算，为了演算一个数据，一日三班倒。算一次，要一个多月，算9次，要花费一年多时间。为了确保计算结果的正确性，他们还邀请物理学家从概念出发进行估计，因此工作常常持续到第二天天亮。作为理论部负责人，邓稼先手把手指导年轻人进行运算。在遇到一个苏联专家留下的核爆大气压的数字时，邓稼先在周光召的帮助下以严谨的计算推翻了原有结论，从而解决了关系中国原子弹试验成败的关键性难题。数学家华罗庚后来称，这是"集世界数学难题之大成"的成果。

邓稼先不怕吃苦不畏艰险，经常带领工作人员到前线试验场工作，他亲自到飞沙走石的戈壁滩取样本，还冒着被辐射的危险监制原子弹。有一次，航投试验时出现降落伞事故，原子弹坠地被摔裂。邓稼先深知危险，却一个人抢上前去把摔破的原子弹碎片拿到手里仔细检验。回京检查发现，在他的小便中带有放射性物质，肝脏受损，骨髓里也侵入了放射物。

原子弹研究成功之后，他又同于敏等人投入氢弹的研究。按照"邓—于方案"，最后终于制成了氢弹，前后历时两年零8个月。这同法国用8年零6个月、美国用7年零3个月、苏联用6年零3个月的时间相比，创造了世界上最快的速度。

两弹一星的成功研制进一步推动中国成为世界上颇具影响力的大国，邓小平评价"两弹一星"的作用时曾说过："如果六十年代以来中国没有原子弹、氢弹，没有发射卫星，中国就不能叫有重要影响的大国，就没有现在这样的国际地位，这些东西反映一个民族的能力，也是一个民族、一个国家兴旺发达的标志。"邓稼先是两弹一星功勋中的优秀代表，其身上闪烁着"热爱祖国、无私奉献，自力更生、艰苦奋斗，大力协同、勇于登攀"的人性光辉——这是"两弹一星"的精神实质，也蕴含着精益求精、坚持不懈、吃苦耐劳、谨慎细心的工匠精神，正是这种振奋人心的精神力量，成就其无私而奉献的一生，更成就了中国核武器研究的辉煌篇章。

4.现代优秀工匠代表

工匠精神是什么？工匠精神是工匠们对自己制作的产品极致、完美的追求，是把品质从99%提升到99.99%的精神，是一种情怀、一种执着、一份坚守、一份责任。工匠精神不仅让工匠制造出高质量的优秀产品，而且还为世人树立起一种榜样：他们爱岗敬业、争创一流、拼搏奋斗、勇于创新；他们淡泊名利、甘于奉献、紧密协作、精益求精。

当代中国在各个岗位上也不断涌现出这样的代表，他们既是平凡的，是和你我一样普通的劳动者，又是伟大的，他们身上所闪耀出的"工匠精神"，是时代和社会的需要，带动着一大批人投身建设社会主义中国的浪潮。

中车青岛四方机车车辆股份有限公司的高级技师、从事了29年焊接工作的何建英，就是其中极有代表性的一位。凭借在焊接技艺上永不停步的如琢如磨，他如今已是全国技术能手、企业首席技师，徒弟们眼中大师级的"焊匠"，拥有了以自己名字命名的"何建英焊接工作室"。

焊接技术是先进制造技术的重要一环。一个国家焊接技术水平的高低，是其工业现代化发展水平的重要标志。在动车组的制造过程中，一节车厢里除了内饰和控制系统，其他部分几乎全部需要焊接，尤其是转向架等关键部位的焊接，对动车组的行驶安全有着极为重要的影响。

焊接时形成的连接两个被连接体的接缝，称为焊缝。一节动车组的车厢里有近万个焊缝，每完成一条焊缝，都需要经过焊接参数、焊接电流、焊接电压、焊接速度、焊道布局等多道工序的反复试验，焊后经过外观检验、射线检验、超声检验，此后还要进行拉伸、弯曲、硬度、疲劳、应力等破坏性检验，最终形成焊接工艺规程，进入生产阶段。

对何建英来说，这些焊缝有着丰富的语言、漂亮的肌理，既

何建英在生产现场

是他最大的敌人，又是他最好的朋友。在日常工作中，他都与一个又一个的焊缝不断地进行"对视"与"对话"，对它们一丝一毫的变化了然于胸。

何建英的同事这样评价他："焊接时，焊丝要融化成液滴，一滴滴地过渡到熔池凝固，在此过程中，速度快了不行，慢了也不行，要凭借多年的经验和观察力，确定最佳工艺窗口。技术一般的普通焊工，少的要花几个小时，多的要花几天时间，才能做到这一点，何建英经常是几分钟就能解决。"

何建英的徒弟则说："干好焊接这个活，手眼的配合要天衣无缝。眼睛要观察电弧，手要控制熔池，必须同时完成，一旦控制不好，就会出现质量缺陷。何工不仅技艺超群，而且有超常的听力，别人正在进行气体保护焊接的时候，电流、电弧、电压的匹配是否合适，他往往走一圈就能凭听力判断出来。"

至今，何建英已在数十年间带出来多位技能高超的徒弟，并且通过"师带徒"这一工匠传统帮助上千人次顺利取得国际焊工证。他的徒弟还曾在青岛市技能大赛中一次五人进入焊接项目前十名。

工匠精神既是一种技能，也是各行业都需要的一种精神品质。在中国制造向中国创造迈进的道路上，社会需要精益求精的制造环节，需要精雕细琢的工匠精神。倘若工匠们能以工匠精神感染和带动企业、行业以至社会，就会最终形成共识和合力，将中国制造业的水平提升到更高档次。

作为工人阶级的优秀代表，工人是时代发展大潮中涌现出来的建设者、创造者，是推动生产力发展的中坚力量。一代代工人身上所体现的工匠精神，是对中华民族传统美德的继承、发扬和创新，代表着社会前进的方向。他们大部分其实都很平凡，是默默无闻的，但正是这些草根英雄为我们锻造出一个个真实而精彩的奇迹，以巨大的精神感召力和行动示范力感染着我们。他们以"三百六十行，行行出状元"的传统信条，演绎着简单、诚实、持守的人生历程，他们已然成为带有民族文化意义的符号，推进着中国前行的道路。

二、当代工匠精神企业典范

新中国成立初期，正是有着无数奋战在各个岗位上的具有吃苦耐劳、精益求精的工匠们不计个人得失的无私奉献，中国工业才从无到有，从弱变强，中国也因为综合国力的提升快速地崛起并在国际事务上拥有更多话语权。而经过数十年的经济发展，随着家庭收入、教育程度、个人修养、审美水平的不断提升，消费领域发生了种种变化，人们不再仅仅满足于产品本身的功能属性，对产品的质量、品牌价值、文化、美观等方面需求也与日俱增。同时，互联网的普及，微博、微信等自媒体的发展，消费者还很乐于与他人分享自己的购物心得，并对产品的各项指标做出自己的评价，这都要求企业必须做精品、做优品，对工匠精神的呼唤也就在情理之中。

1.助推手机行业的领军者——华为

随着世界经济全球化和一体化的深入推进，中国的产品和服务已经深深融入世界经济的体系之中，中国企业要增强国际竞争力，占领国际市场，由制造业大国迈向制造业强国，也必须以品质取胜。新形势新背景对我国当今制造业企业及产品品质提出了更高的要求。

华为公司堪称当代企业中具备"工匠精神"的典范。2016 年 3 月，华为获得国内质量领域的最高政府荣誉——"中国质量奖"。华为公司相关负责人表示，华为之所以能够摘取这项桂冠，是华为长期坚持以"质量为生命"的结果。20 多年来，在"以客户为中心，以奋斗者为本"的公司核心价值观的指引下，华为积极推进质量优先的战略，最终以优秀的产品品质享誉海内外。

对华为来说，质量就如同企业的自尊和生命。自华为成立以来，一直追求真正的"零缺陷"。华为拥有在业界首屈一指的可靠性检测及产品认证准入实验室，华为的每一款产品上市前都会经历严苛的环保测试、强度测试、性能测试以及最极端的环境挑战。

华为手机在上市之前经历的测试环节中，包括破坏性测试、滚筒随机跌落、六面四角定向跌落、电源键、按压键按压、连接器拔插、软压、手机扭曲、温度循环箱、温度快速变化、蒸手机、太阳晒手机、无线性能、天线性能等。具体到按键测试，为了保证用户可以安全使用 18 年，他们按照用户每天打开手机150 次计算，将按键测试的标准从原来的 20 万次提高到现在的100 万次。据悉，荣耀 4A 从研发开始到正式发布，进行了长达数月的不间断测试，测试时长超过一千个小时，所有的冒烟测试必须 100%通过。

在华为 P8 上市时，华为超窄边框采用的点胶工艺经过测试发现，手机使用几年后有可能出现问题。这一个小问题不达标，按理说不会对消费者造成太大影响，但华为不惜以整个销售链的供货作为代价，坚持将这批产品报废。仅此一次，就损失四个多亿，带来的真正经济损失可能有十几个亿。

像这样在质量上追求极致、精益求精的例子还有很多。为解决一个在跌落环境下致损概率为三千分之一的手机摄像头质量缺陷，华为会投入数百万元人民币不断测试，最终找出问题所在并予以解决；为解决某款热销手机生产中的一个非常小的缺陷，荣耀曾经关停生产线重新整改，影响了数十万台手机的发货。

整洁干净的华为生产车间，参观者也必须穿戴专用工作服方可入内

正是靠着对产品瑕疵"零"容忍的质量原则和对产品品质不断提升的追求，华为在全球智能手机市场份额稳居前三甲，中国市场份额持续领先，并且在西欧多个发达国家市场，市场份额位居前三名。在通信设备市场，华为已经成为全球最大的电信设备商，并持续保持领先；华为在全球

范围内取得了商业成功，走出国门20年，销售额的60%来自于海外市场，产品远销170多个国家和地区。

华为内部提倡的理念之一是"板凳要坐十年冷"，强调"专注"和"视质量为生命"，面对质量问题，华为内部有一票否决制，无论涉及哪个级别的高管，一律都要尊重这条铁律。这种工匠精神逐渐成为华为的企业文化的一部分，也正是在这种精益求精的理念下，华为公司用品质、服务构建成一个强大体系，保证了华为一点点在用户心中积累起的良好品牌形象。在市场增速放缓、同质化严重等背景下，这种工匠精神就意味着品牌对客户在质量、体验、服务等方面作出的一个长期而持续的承诺，也帮助华为公司取得不断地进步。

2. 插座行业的领导品牌——公牛电器

在2016年武汉大学的毕业典礼上，武汉大学校长李晓红在这届毕业生离校前的最后一课上送出临别赠言：以武汉大学已毕业的一位校友为例要求大家做自己人生的"工匠"。这位被武大校长提到的校友就是公牛电器的董事长，一位"专注达人"，武汉大学80级机械工程系的阮立平。他21年如一日打磨品牌，最终树立起行业标杆，缔造了世界闻名的公牛品牌。

一个公牛品牌，拥有两项冠军。公牛已连续数年蝉联插座行业销量冠军，是插座行业名副其实的领导品牌。过去的2015年，对公牛来说，又是一个具有里程碑意义的一年，墙壁开关由行业第三一跃成为国内市场销售第一品牌。

谈到从小打小闹家庭作坊式企业向国内民用电工行业领导者

跨越的工匠精神时，公牛集团董事长兼总裁阮立平表示："专业专注，精益求精，创新铸就品牌魂，赢得市场话语权。"

"中国插座大王"阮立平

创业之初，面对质量问题的"痛点"和"短板"，公牛从设计研发结构入手，独辟蹊径，结合国家标准对原产品大胆改造，克服了松动、接触不良、非正常发热等质量问题，并首创插座按钮开关确保品质，这一"制造用不坏的插座"定位，使公牛产品短短5年间实现国内市场销量第一。

时代在变，需求在变，只有与时俱进，专注执着于提高产品质量和科技含量，方能始终走在前列。公牛为此在狠抓产品品质的同时，创新引领产品和技术转型升级。

一方面，专注执着保证产品质量，就在五年前墙壁开关入市不久，公牛作了一次市场调查显示，市场在意的产品各项性能排位中安全可靠在消费者心目中排名始终是前两名的。所以，公牛公司在确定战略定位时，把产品质量放在首位，安全可靠对于任何一个品牌企业而言都是至关重要的，是企业的生命线。

另一方面，利用科技创新，打造插座升级版。以2015年"小米插座事件"被吵得沸沸扬扬为新节点，竞争促发展，公牛人的理念因小米插座的冲击发生了翻天覆地的变化，细分化、精致化、智能化成为新追求。

推动插座设计由大而粗向小而精、制造工艺由人工作业转变为人机结合、研发周期七八个月缩短为三四个月等"三个转变"，公牛把插座细分为USB插座、民用电工插座两条产品线，特别是USB插座产品线，亮出安全、时尚、多元、便捷的行业卖点，创造了小白系列插座、多国旅行转换器、防过充USB插座、桌洞和桌边插座等一系列新产品，其中防过充USB插座已获华为等客户订单。

20年来，公牛战略定位从最先"制造用不坏的插座"到后来"制造中国最安全的插座"再到如今"插座专家和引领者"，不断在升级。以专业实力推动技术创新，以标准引领行业发展，至2015年，公牛共拥有国家专利295项，其中发明专利17项；共参与起草国家行业标准40多项，并实现从单打到团体的新突破。公牛主导制订的《家用和类似用途插头插座》"浙江制造"团体标准，是电源连接器行业企业的"第一"和"唯一"。

其实，人和人之间最小的差距是智力，最大的差别却是专注。专注意味着坚定的热忱，意味着坚持的恒心，意味着坚强的毅力。因为专注，所以专业，公牛公司正是因为有着对产品质量和产品创新永不停歇、精益求精、执着追求完美的工匠精神，最终成为插座行业的领跑者和中国插座之王，缔造了年销售额超过 20 亿元、市场占有率全球第一的"公牛神话"。

3. 从源头开始的高标准严要求——格力

任何一个工业时代的故事中，都少不了工匠的身影。中国制造迈向 2025，大国呼唤工匠精神，而格力正是践行工匠精神的佼佼者。也许在很多人眼中，工匠是一种机械重复的工作者，但实际上，工匠有着更深远的涵义，工匠精神，是一门手艺，是一种品质，是一份专注，更是一种态度。在当今，中国工业更加需要工匠精神，"'工匠精神'将引领中国制造浴火重生。"格力集团董事长董明珠如是说。

工匠精神，不光是在产品设计、制造环节对品质的严格要求，同时也是在生产的源头对原材料质量的高标准。在制冷行业的供应商中，有一种不成文的评判标准：能给格力供货的，给同行业其他家供货就不成问题。小到一个隔音棉，普通到一个包装箱，格力都制定了高于国标的企业标准；能跨进格力的门槛，很多在行业中便也代表了最高水准。

一边是高门槛、极严格的标准要求，一边是实力的象征和进步的空间，供应商们"又爱又恨"的纠结心态，从一个侧面也反映出格力的产品实力。"好空调，格力造"从源头上要的就是好材料。

对于合肥格力的几千家供应商来说，格力工厂里有一把悬在头顶的"达摩克利斯之剑"。这是一支神秘的检测部队，运送进去的每一个零件都要经过他们细致而严谨的检测：合格的送入生产线，不合格的直接被退货。

这支部队"不近人情"，每一个人的姓名、联系方式在格力

格力的工程师正在给入厂的零件做严格的质量检测

的电话簿里都找不到，却又与每一个供应商的"饭碗"密切相关。他们给这支神秘的部队起了一个名字：格力的"海关口"。

对于供应商来说，这些直接决定它们产品命运的质检员非常神秘，他们有非常严格的管理制度，质检员与供应商必须零接触，只有这样才能保证产品检验的公平性，让入厂的每一个零部件都能完美无缺。所以，做格力的供应商是一件非常有压力的事情，从格力建厂开始，其对零部件的标准要求每一年都在提高，因为格力对零部件的高标准，让很多供应商只能知难而退。

近年来，以工匠精神严格要求自己的格力人，走精品化路线，做精细化产品，从过去的"好空调，格力造"到今天的"让世界爱上中国造"，不只是口号，更是承诺和兑现。格力也正是有了这样对生产的产品精益求精、精雕细琢，对产品质量的极致追求，才有今天的"让世界爱上中国造"的豪气和底气。

三、培育工匠精神面临的挑战

　　不可否认，新中国成立以来工业的振兴与发展赢得了世界的掌声，然而和世界顶级工业强国相比，中国工业仍然存在着不小的差距。在2015年11月8日的全国政协十二届常委会第十三次会议上，工业和信息化部部长苗圩对《中国制造2025》进行全面解读时指出，我国已成为制造业大国，但还不是制造业强国。以装备制造业为例，主要的不足表现在自主创新能力薄弱，基础配套能力不足，部分领域产品质量可靠性有待提升，产业结构不合理。苗圩部长指出，在全球制造业的四级梯队中，中国尚处于第三梯队，而且这种格局在短时间内很难有根本性改变，要成为制造强国至少要再努力30年。

　　具体来讲，我国的工业产品质量状况的确不容乐观。2015年国家质检总局组织开展的日用及纺织品、电子电器、轻工产品、农业生产资料、机械及安防、电工及材料、建筑和装饰装修材料、食品相关产品等8大类产品质量国家监督抽查报告显示：全年共抽查24505家企业生产的25345

批次产品，国家产品质量监督抽查合格率为91.1%，从近5年的抽查情况看，产品抽查合格率分别为87.5%、89.8%、88.9%、92.3%和91.1%，虽然整体呈现波动上升态势，但2015年比2014年下降了1.2个百分点。

我国制造业中像华为、格力这样坚持严谨、务实工匠精神的企业数量还不够多。部分企业片面追求速度，总想着"走捷径"，思想比较浮躁，缺乏对高质量精品的坚持与追求，市面上泛滥着铺天盖地的广告。然而有句古话"欲速则不达"，如果没有一颗精益求精、尽心竭力、精雕细琢的"工匠之心"，如果没有视产品质量为生命的追求，如果没有对质量底线的坚守，从制造大国迈向制造强国的奋斗目标就会遭遇瓶颈和困难。

1."技工荒"威胁制造业的未来

从20世纪90年代后期开始，我国制造业发展过程中出现了一个新名词：技工荒。这主要是指随着工业经济的迅速发展，技术工人、高级技术工人出现供不应求的现象。"技工荒"问题究其本质乃"工匠荒"，初期主要表现为高级技术工人的短缺，到后来的十几年则发展成为技工的普遍缺乏，这在很大程度上制约了我国向制造业强国转型的步伐。

近几年，我国"技工荒"的一个突出表现就是制造业企业普遍遭遇的广泛意义上的"用工荒"。2016年春节刚过完，珠三角很多企业早已在招聘会、火车站、汽车站蹲点，他们甚至花钱雇人帮忙招工，但效果却不明显，很多天下来，用工缺口仍然很大，有的企业甚至连一半员工都没有招到。目前，这一现象已经从最初的长三角、珠三角等经济发达地区逐渐蔓延到内部省份。

相对比十多年前，技工的收入虽然已经有了很大程度的提高，然而这些提高主要体现在高级工匠身上。2015 年，国务院总理李克强到洛阳矿山机械厂等企业考察，曾经询问工人的收入情况。一位工人师傅凑到总理耳边说："我一个月一万多呢！"总理笑着回忆说："当时我在河南当省长，一次在飞利浦公司考察，他们也有一个这样的高级技术工人带领着一个团队，我问他收入，他们总经理介绍说，这个技术工人拿的年薪跟他一样，20 万欧元。所以，你们这些高精尖人才的待遇一定要提高！"

我国一些技工的月工资可达上万，和一些跨国公司相比，这些技工收入能和管理层相媲美，在总理看来，我国技工的待遇还需要进一步提高。然而现实的情况是，高收入情况仅限于一些特级技术工人，绝大多数普通技术工人的收入，虽然在不断提高，但仍旧达不到理想的水平，难以让这些技工接受。

一方面是中国技术工人缺口数量很大，在一定程度上制约了工业、经济乃至社会的发展；另一方面，却是大家都不愿意去当技术工人。2015 年，一份关于是否愿意做高级技工的调查结果令人深思：近 9 成受调查者表示尽管身边有高薪的高级技工，但自己并不愿意成为其中一员。

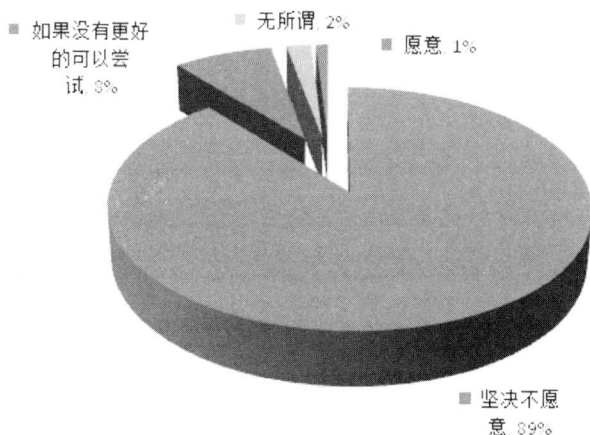

调查关于是否愿意做高级技工的人员比例

《工人日报》的调查也表明，尽管目前我国高级技工，尤其是年轻的高级技工缺口很大，但愿意投身其中者仍在少数。一些技校毕业生也很难长期从事本专业工作，转行者众多。

21 岁的四川小伙子王晨宇是某企业高级焊工，他 19 岁时就成为技能大师，多次亮相世界技能大赛舞台，2016 年还在一档技能比赛真人秀中争得霸主席位。一个学校的佼佼者、一个企业的明星人物，但对于眼前所从事的职业，王晨宇却总觉得"差强人意"。

按理，像他这样的高技能人才收入肯定很高。然而实际情况是，"公司在收入上没有给保底，车间都是承包制，多劳多得，平均下来每月也只有 3000—4000 元的样子。"身为高级技工，他已经取得焊工领域最高级别的职业资格，但他除了作为技能大师拥有每个月 400 元补贴外，其他与普通工人并无太大差异。

即使像他这样的高级技工，也存在社会偏见。"车间 40 多摄氏度，还要穿焊服，焊口温度更高，已经快成烤'乳猪'了"，"技术工人始终都是卖苦力的，对社会上的偏见我已见怪不怪了"。处在这样一种尴尬处境中的人，对于职业未来的憧憬能有多大呢？"目前不会转行，但未来说不准，要看具体发展情况。"王晨宇这样说。

虽然王晨宇可能短期内不会改行，但不是每一个技术工人、每一个人在面临现实中诸多问题时都能够做到不忘初心，坚持自己的选择继续从事技术工人的岗位。如果说王晨宇还拥有一份稳定的收入，能继续留在技工岗位上的话，那么下面将要提到的这位"非遗工匠"所面临的不只是个人待遇的问题，还有历经数代绝门工艺的传承问题。

广西柳州市首批市级非物质文化遗产项目代表性的传承人朱明先师傅，拥有一手祖传的炉火纯青、登峰造极的制作花炮台的绝门技艺。但就是这位技艺非凡的民间老工匠，每年的活动经费不过1000元。而制作一个花炮台，算上所有的木料、颜料、油漆费用，成本就要300元左右，每年的活动经费勉强维持开支。而他面临的手艺传承问题，则更为尴尬。年逾七旬的朱明先师傅有一儿一女，现已30多岁，但都不会做花炮台。如今，朱明先的儿子跟多数年轻人一样，远在广东打工，做花炮台的，仍然是年迈的朱明先和他的老伴。按理说，祖传的手艺是不传外人的，但朱明先迫于无奈，只得招徒传艺。他曾相中一位年轻人，可对方竟然回复他："你每天给我150块，我就来跟你学。"

制作花炮台费时费力，即使是像朱明先这样手艺纯熟的师傅，制成一个也要13天。如果按照那位年轻人的要求，就算他非常有悟性，13天就能出师，也要倒贴他近2000元"学费"。而且，朱师傅年事渐高，一只耳朵的听力也越来越差，别人问问题，他几乎要听两遍才能听清楚。朱师傅哪里能提供这样的条件满足学徒的要求呢？万一找不到接班人，他的绝门手艺是不是就要绝种了呢？

虽然在千百年的中国社会里，徒弟拜师学艺都有一套严格的程序，而且"一日为师，终身为父"，这位年轻人希望"师傅倒贴式"的学法确实是有悖中国一贯的深厚传统。但换一个角度想，学手艺时间长、难度大，即使学成后也是做活累，挣钱少；而打工既简单又挣得多，哪个年轻人算不明白这笔账呢？

可怜朱师傅现在是一身技艺，无人可传。而更为可悲的是，朱师傅所面临的这个尴尬和难题，并不是只有他这一个"非遗"传承人遭遇到的。

柳州市非物质文化遗产侗族花炮台传承人朱明先

那么，为什么当今的中国会频繁出现"用工荒"，为什么即使是高级技工岗位也难以留住人？为什么像"非遗"这样的绝门手艺难以传承下去？根源不仅仅在于工资、收入、待遇这一单方面因素，社会地位、社会保障、工作环境、上升空间等多方面原因均促成现今这一社会难题。

长期以来，社会对技工价值的评价一直有失偏颇，"白领"和"蓝领"的简单划分，使得前者拥有可观的收入和令人艳羡的社会地位；后者从事的工作则劳动强度大、收入水平低、社会地位低下。同时，即使在"蓝领"中同样存在等级划分，并由这些技工的资历、年龄、身份来决定。这种论资排辈的做法，抹杀了技术在生产力创造中的重要性，更不利于调动年轻人学习技术的积极性。

李克强总理在2016年《政府工作报告》中，首次提到工匠精神，鼓励企业开展个性化定制、柔性化生产，培育精益求精的工匠精神。要使国家拥有更多的能工巧匠，需要多管齐下。调整社会评价体系、完善用工制度，做好不同层次的人才培养规划，从根本上化解技工"工资待遇差、工作环境苦、上升空间小、社会地位低的尴尬处境"。

2. 关于"工匠"及"工匠精神"的误解

工匠精神在中国具有悠久的历史传承。但不得不说，在当今短平快的工作节奏和多元化社会价值的冲击下，以上现象背后折射出优质技术人才的流失，实质是工匠精神的缺失。我们缺乏主动做事、自我驱动的精神；我们缺乏把简单的事情做到极致的耐心；我们缺乏追求卓越、做出精品的长远愿景。传承千年的工匠精神，究竟去哪里了？造成这种现象的根源，可能需要从两个方面去考量：传统文化的局限性和客观现实的制约。

儒家"重道轻器"思想对工匠精神产生消极影响。所谓"重道"，即重伦理，"成教化，助人伦"，是形而上。所谓"轻器"，即轻视技术，看不起"百工"之类的手工业者，器，即器物、工艺，"低小下"，是形而下。"工"在占代被列在四民（士农工商）的第三位，地位不如农民；"工"所涵盖的制造业、工艺乃至于科技发明也被贬称为雕虫小技、奇巧淫技，对器物玩好的追求也被斥为玩物丧志。封建统治阶级出于巩固统治的需求，不断推崇儒家思想，反复强调"万般皆下品，惟有读书高"，让越来越多的人只想着通过科举考试进入上层社会，致使社会对工匠、制造技术、工艺技艺也越来越不重视。拥有四大发明，且在工艺制造领域领先于世界的中国，其工业制造、科技发明的水平和能力逐渐被世界其他国家赶上、超过并一度被甩在身后。

客观现实的制约则是影响工匠精神传承的另一个原因，这关涉到中国现今的社会大环境。毋庸讳言，快速获得经济回报的理念已浸透到今天国人和社会的每一个细胞。回首30多年来中国企业的发展之路，诸多企业强调经济利益至上的理念，出于快速盈利的动机，这些企业当然不可能在产品制造、生产方式和经营管理、质量品牌方面下硬功夫。而反观一些西方经济发达的国家，金钱只是财富的象征，并不意味着绝对的幸福与成功。而技术、艺术方面的成就才能提高生活质量、升华精神世界，这些领域的卓越人物才是推动历史进步的中坚力量，理应受到社会尊重，其工资待遇在整个社会阶层中也处于较高的水平。

相比之下，我国那些进入企业、研究院、高校中从事技术岗位的人员，即使有一些人短期内能够不计经济回报，但由于他们在单位所处的地位低下，缺乏公司技术方案的发言权和决策权，长此以往难免心灰意冷、兴趣大减、最终浑浑噩噩敷衍了事。因此，一些曾经对学术研究、技术工种充满热情的人，因现实利益或者其他种种原因，也往往另寻他途，最终选择离开。

这是一个日新月异的时代，很多工种都已被淘汰或将被淘汰，传统行业正在被互联网颠覆，追求创新、缩短研发周期、更早地将产品推向用户、快速迭代，这都是互联网从业者遵从的规律。挣快钱，快挣钱，成为很多企业的取向，"一生只做一件事"的工匠及精益求精的工匠精神在很多人看来，难以找到生存的空间。

对于一个兢兢业业的工人来说，如果其技术精湛、追求完美，每一件产品都耗费大量功夫打磨，但却只能被僵化的标准来接受评判。对于一个企业家来说，如果他投入大量资金研发的新品刚上市场便被仿冒；他的产品质量再好，却得不到市场的回应，而他的同行改变投资方向，立刻赢得高额回报，这时候，怎么能要求他们守住初心呢？

坚守工匠精神既苦又难，培育和弘扬工匠精神不是一朝一夕的事，让有工匠精神的工人活得体面、有尊严，让有工匠精神的企业拥有健康科学的市场竞争环境，让工匠精神成为一种社会共识与社会心理，实际上需要国家和社会全方位的共同努力。

在资源日渐匮乏的未来时代，重提工匠精神、重塑工匠精神，是企业生存、发展的必经之路。工匠精神以其大度、沉稳、浑厚的精神内涵为广大企业提供精神支持。戒骄戒躁，专注于自身素质与能力的提升，这才是企业和整个社会合理健康发展的正确方向。本书第一章我们已经详细阐述，我国的工匠精神和工匠制品在世界文明宝库中曾是一颗十分璀璨的明珠。但为什么近年来在国内国际市场上"中国制造"声誉受损，竞争力不够强，甚至在一定程度上成为廉价物品的代名词？

有迹象表明，那些在长达五千年的历史长河中让我们引以为骄傲的严谨、细致、钻研、精益求精的工匠精神越来越被大家忽视。而这种状况与我国正在崛起的大国地位，与人民群众不断改善的物质文化的需求，与经济转型、全面建成小康社会的任务，与实现现代化强国梦的目标都是极不相称的。

2016 年 1 月 4 日，李克强总理在山西太原主持召开钢铁煤炭行业化解过剩产能、实现脱困发展的座谈会上举例说，我国早已成为世界第一钢铁制造大国，钢铁产量 8 亿多吨，占全球钢铁产量的一半，却仍不具备生产模具钢的能力，圆珠笔笔尖上的"圆珠"目前仍需进口。

随着中国经济的崛起，人们物质生活水平的提高，以及庞大中产阶层的出现，中国人的消费结构、消费习惯发生了根本性的变化。消费者越来越重视产品的内在质量、科技含量乃至品牌形象，特别是在现今世界的信息时代，产品质量的好坏在"互联网＋"的工业产销模式下被无限放大，信息传播的速度也是快到让人难以想象。如果一个企业的产品质量不好，用户体验不佳，甚至是设计不够人性化，很快就能反映到产品的口碑和销量上，进而导致一个品牌、一家企业的衰亡。

如果想要我们制造的产品与时代需求的变化齐头并进，如果想要国人放弃"海淘"和"海购"，企业需要重拾中国传统的工匠精神，国家和政府也应该予以引导，让整个制造业、整个工业、整个社会都养成良好的职业习惯，进而将职业习惯升华为工匠精神。

重塑中国工匠精神，重振中国工匠雄风，这既是时代的呼唤，更是我辈人的责任。我们应当树立起对职业的敬畏、对工作的执着、对产品的重视，不断追求完美和极致，将一丝不苟、精益求精的工匠精神融入每一个环节，拼尽全力树立中国产品的良好形象，努力将每一个"中国制造"都打造成世界同行业的"NO.1"。

3.时代呼唤重塑工匠精神

2015 年春节前夕，日本知名钟表企业西铁城在华生产基地——西铁城精密（广州）有限公司宣布清算解散，千余名员工被解除劳动合同，限期离厂。与此同时，微软则计划关停诺基亚东莞工厂和北京工厂，并加速将生产设备运往越南工厂。微软在东莞和北京两地的关厂，将总共裁员9000 人。其他一些知名外资企业，如松下、日本大金、夏普、TDK 等均计划进一步推进制造基地回迁日本本土。优衣库、耐克、富士康、船井电机、歌乐、三星等世界知名企业则纷纷在东南亚和印度开设新厂，加快了撤离中国的步伐。

在各大外企将自己的制造工厂不断撤离中国的同时，涉及庞大就业人数的劳动密集型产品的出口企业处境也不容乐观。纺织品、服装和鞋类是劳动密集型产品里出口占比最多的三大产品，这三大劳动密集型行业都面临着出口下滑的风险，而占比最大的服装业则下滑最为严重。中国海关发布的最新数据显示，2015 年 1—11 月，纺织品、服装、箱包、鞋类等 7 大类劳动密集型产品合计出口 2.64 万亿元，同比下降 2.6%；其中占比超过七成的纺织品、服装和鞋类则分别下滑 1.8%、7% 和 4.8%。

外资中国工厂的关闭和国内劳动密集型产业的惨淡，预示着中国人口红利的结束，取而代之的是劳动力减少而导致的人力成本的增加。一方面，这些科技含量低、没有核心竞争力的制造业已经很难再在中国继续发展和生存；另一方面如果中国企业再继续依靠以生产要素的大量投入和扩张来实现经济的增长，其粗放型发展模式将难以为继。我们已经来到一个十字路口，是继续发展还是就此沉沦，取决于中国制造的转型升级，取决于产品品质和品牌形象的重塑，而这些都离不开打造精益求精、精雕细琢、追求极致和完美的文化，离不开工匠精神的支撑。

工匠精神是时代的呼唤，也是社会主义核心价值观的体现。对一个企业和社会而言，工匠精神既是黏合剂，也是驱动器。培育工匠精神重在弘扬精神，需要全社会各行各业祛除浮躁思想，培育精益求精、一丝不苟、追求卓越、爱岗敬业的品格精神。

当然，今天所谈到的"工匠精神"在时代性和侧重点上有所不同，体现在三个方面：

新时代"工匠精神"强调的是"育人"。手工业时代，工匠的首要职责是"造物"，他们大多独立完成并且直接决定作品的质量，所以手工业时代的工匠精神是以匠人为主体，重点是精益求精的"造物"过程；在当代，随着信息化和智能化的发展和普及，机器已经取代了大部分手工劳动，生产制造成为一个系统工程，工匠精神已不限于匠人的精神，其指向范围更广泛，重点也从"造物"转向"育人"。

新时代工匠精神倡导的是"职业精神"。工匠精神是从匠人精工细作的生产方式中凝练升华的精神理念。在信息时代，时间被赋予了动态加速的能量，似乎是颠覆了"慢工出细活"的工匠精神传统理念。所以，在新时代倡导工匠精神，要扬弃具体操作性的内涵，而重点倡导工作态度和职业精神，引导人们树立职业敬畏感，秉持职业操守，恪守职业道德，同时在精益求精，确保品质的前提下，兼顾效率。

新时代工匠精神滋养的是科学的工业价值观。在我国工业化进程中，一段时期内，传承和发扬工匠精神的环境和制度基础逐渐被忽视，部分企业过于追求规模效应和短期效益，重数量轻质量，重生产轻品牌，我们在成为工业大国的同时，也出现了产能过剩，高能耗高污染，发展不可持续等问题，可以说，正是这种错误的发展观在一定程度上导致了我国制造业大而不强的格局。现阶段大力弘扬工匠精神，提醒人们静下心来，脚踏实地，坚持"创新、协调、绿色、开放、共享"的发展理念，凝聚工业领域的价值共识，培育科学的工业价值观，使"工匠精神"成为新常态下推动中国制造"品质革命"的精神动力和力量源泉。

第四章

建设制造强国需要工匠精神

今天，中国制造已经走到了十字路口。发达国家制造业的强势回归，美国要为制造业夺回话语权，德国要为未来的制造业做出新的定义，东南亚国家制造业正在积极寻求梯度承接和转移。在这种竞争环境下，中国制造的优势是什么？我们同样在思考，什么才是中国制造的本质和原动力？什么才是中国制造的支撑和保障？什么又将激励中国制造走稳走好未来的道路？一群孜孜不倦、精益求精的制造人打造着中国制造的精神，他们专注严谨、他们精业敬业，为中国制造闯出了生路，攒足了后劲。而这，也终将成为推进中国制造坚定前行的精神能量。

一、制造大国转型迫在眉睫

1."新常态"下，中国制造的升级呼唤

据统计，我国 2015 年工业增加值达到 22.90 万亿元，制造业规模连续 4 年位居全球第一。在 500 多种主要工业产品中，有 220 多种工业产品的产量位居全球首位。其中，手机、玩具、彩电、空调、个人电脑、数码

2015年全部工业增加值228974亿元

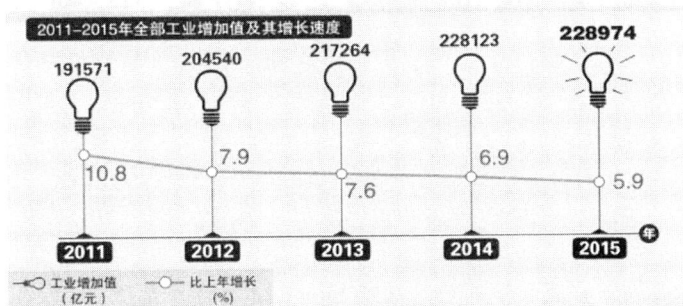

2011—2015 年中国工业增加值及增长速度

相机、电话等产量分别占世界的 48%、70%、45%、67%、46%、57% 和 50%；我国工业制成品出口已占全球制成品贸易的 14.5%，工业制成品出口规模居世界第一。

然而，中国经济正在步入增长速度趋于平缓的"新常态"，国内市场竞争日益激烈，而由于自主研发能力薄弱、核心技术缺失、劳动力成本上涨以及人民币总体逐步升值等原因，中国制造业出口盈利的空间正在减小。不仅一大批原本依赖低成本优势、粗放经营的中小企业遭遇入不敷出的困难局面，而且一些大型企业也面临着严峻的生存挑战。中国制造业要在这场大浪淘沙的竞赛中最终胜出，必须加快转型升级，真正实现"提质增效"。

与此同时，以"互联网+"、大数据、云技术、3D 打印等新技术为代表的新一轮科技革命方兴未艾，极有可能带来全球经济形态和竞争格局的巨大变化。在此背景下，世界各传统工业强国无不高度重视全面信息化对制造业已有和潜在的影响，思考及采取对策加速自身制造业的转型升级，以期占领未来国际较量的战略制高点。全球产业格局正在经历重大调整，国际贸易规则正在重构，我国制造业发展面临严峻的外部形势。

一方面，高端制造领域出现向发达国家"逆转移"的态势。制造业重新成为全球经济竞争的制高点，各国纷纷制定以重振制造业为核心的再工业化战略。美国发布《先进制造业伙伴计划》《制造业创新网络计划》，德国发布《工业 4.0》，日本发布《2014 制造业白皮书》，英国发布《英国制造 2050》等。目前，制造业向发达国家的回流趋势已经开始。例如，苹果电脑已在美国本土设厂生产，日本制造企业松下将把立式洗衣机和微波炉生产从中国转移到日本国内，夏普计划在本土生产更多机型的液晶电视和冰箱，TDK 也将把部分电子零部件的生产从中国转移至日本秋田等地。

部分发达国家近年来发布的工业化战略

发布时间	战略名称	主要内容	战略目标
2011 年	美国先进制造业伙伴关系计划	创造高品质制造业工作机会以及对新兴技术进行投资	提高美国制造业全球竞争力
2012 年	美国先进制造业国家战略计划	围绕中小企业、劳动力、伙伴关系、联邦投资以及研发投资等提出五大目标和具体建议	促进美国先进制造业的发展
2013 年	美国制造业创新网络计划	计划建设由 45 个制造创新中心和一个协调性网络足额挂全国性创新网络，专注研究 3D 打印等有潜在革命性影响的关键制造技术	打造成世界先进技术和服务的区域中心，持续关注制造业技术创新，并将技术转化为面向市场的生产制造
2013 年	德国工业 4.0 战略实施建议	建设一个网络：信息物理系统网络；研究两大主题：智能工厂和智能生产；实现三项集成：横向集成、纵向集成与端对端的集成；实施八项保障计划	通过信息网络与物理生产系统的融合来改变当前的工业生产与服务模式；使德国成为先进智能制造技术的创造者和供应者
2014 年	日本制造业白皮书	重点发展机器人、下一代清洁能源汽车、再生医疗以及 3D 打印技术	重振国内制造业，复苏日本经济
2015 年	英国制造业2050	推进服务＋再制造（以生产为中心的价值链）；致力于更快速、更敏锐地响应消费者需求，把握新的市场机遇，可持续发展，加大力度培养高素质劳动力	重振英国制造业，提升国际竞争力
2013 年	"新工业法国"战略	解决能源、数字革命和经济生活三大问题，确定 34 个优先发展的工业项目，如新一代高速列车、电动飞机、节能建筑、智能纺织等	通过创新重塑工业实力，使法国处于全球工业竞争力第一梯队

另一方面，越南、印度等一些东南亚国家依靠资源、劳动力等比较优势，也开始在中低端制造业上发力，以更低的成本承接劳动密集型制造业的转移。一些跨国资本直接到新兴国家投资设厂，有的则考虑将中国工厂迁至其他新兴国家。由此可见，我国制造业正面临着发达国家"高端回流"和发展中国家"中低端分流"的双向挤压。迫切需要为转型升级寻找到新的动力。

2. 德国工业 4.0

（1）主要内涵

在 2013 年德国联邦教育研究部发布的《工业 4.0 战略计划实施建议》中，定义了不同的工业阶段的内涵：工业 1.0 是机械化，其标志为机械装备在生产制造中得到广泛应用，人类告别了手工制作时代；工业 2.0 是电气化，电力驱动的机械使生产制造的规模化得到空前发展；工业 3.0 是自动化，主要是工厂大量应用电子信息技术，不断提升生产环节的自动化水平；而工业 4.0 的本质特征则是智能化，即以智能工厂为核心，建立起一整套规模化、定制化的产品设计、生产及服务模式，真正实现工业由制造向"智造"的转型升级。那么，工业 4.0 将会带来什么？看下面的一个小场景：

下着大雨的天气，我们在车里急切地想知道前方的天气是否更糟。此时，车上装载的雨量传感器为你监测到了实时的雨量数据，并发出了暴雨警告。为了安全，我们决定打道回府。这并不是科幻的场景，而是博世公司提供的实例。行驶在路上的车辆都成了数据信息的传感器，如果把这些数据都收集起来画成一张雨量图，将为驾驶者及气象行业等带来更多便利。

这就是物联网——物与物之间进行信息交换带来的变革。当万物互联＋制造业，就迈向了工业 4.0 的时代。而这与中国提出的"中国制造2025"有异曲同工之处，就是实现信息技术和先进制造业的结合，进而带动整个新一轮制造业发展。

作为传统的制造强国，德国充分认识到以互联网为代表的新一轮科技革命将对制造业产生重大影响，而德国在信息产业方面却没有明显优势。

因此，德国提出工业 4.0 的概念，既是以工业 3.0 已经实现、制造业自动化程度极高的优势为基础和条件，更是德国对制造业未来转型升级的战略预判及方向明确。德国寄希望于通过实现工业 4.0，为包括世界级大企业和众多优秀中小企业在内的德国制造业插上互联与智能的腾飞之翼，从而继续保持自己称霸国际制造业的竞争优势。

（2）智能工厂与智能制造

智能制造的侧重点在于将人机互动、智能物流管理和 3D 打印等先进技术应用于整个生产过程。未来智能工厂与智能制造的实现意味着，较之传统生产模式，新的生产方式将大幅提高资源利用率，产品生产过程中的实时图像显示使得虚拟生产变为可能，从而减少材料浪费；个性化定制将成为可能并且生产速度将大幅提高。智能制造过程将知晓自身的生产过程以及未来所要应用的设施。该种知识将有力支撑产品的生产过程及产品的自我显示，如产品将什么时候被制造、产品将被赋予什么参数、产品将被发往哪里等将可以通过远程控制而被人所了解。

"我们很早就看到了互联技术和互联网的发展趋势，从发展初期就开始关注了。"博世中国 2015 年度新闻发布会上，博世集团董事会成员、亚太区负责人泰瑞来做出了上述表示。作为领先的实践者，博世集团在全球超过 250 家工厂推广试验工业 4.0。

2014 年秋季，一条"工业 4.0"液压阀生产线在德国的一个大型工厂里投产。每个工件夹具都配备有一个射频识别（RFID）标签，用来识别所生产的产品。具体工位可以从 IT 系统中自动检索，并读取与这个产品相关的一切生产数据。因此，当工件到达某个工位时，显示屏上就会相应地提示员工所需处理的具体工作内容。初步的实践结果显示产出提高了 20％，同时库存降低

博世力士乐德国洪堡液压阀工业 4.0 生产线

了 50%。"工业 4.0 有巨大的优势，因为提高了灵活性，将有利于小批量生产，更能满足个性化的需求。第二个优势，可以减少库存，从而节约成本"。

但工业 4.0 并不限于此，它是覆盖整个价值链的。"把供应链、客户端整合起来，这样才可以把工业 4.0 和'互联网+'的协同效应真正释放出来"，由此可以使生产成本减少 20%，这会为我们带来真正意义上的工业革命，也可以帮助我们克服过渡过程中所遇到的一些问题。

那么，工人怎么办？有人产生疑问，如果有了工业 4.0，工人是不是就要失业了，对于这样的担忧，博世的管理者认为："这不是最准确的说法，我们不要去害怕突然工厂不需要员工了，20 年前我们也有过相同的讨论，当时工厂使用计算机，但工厂里面还是需要人。"

可以确定的是，对于制造领域人员的要求将发生重大的变化。一方面，对于拥有工程背景与 IT 技能的人才需求会上升；另一方面，重复性劳动以及低水平的工作人员将减少。

为此，拥有百年血统的博世学徒制也在与时俱进。博世注重引进高科技人才，同时也为传统工种提供更多信息化方面的培训。在博世还有较系统的内部提升机制，部门间的轮岗，鼓励员工多方面发展，提供更多学习机会等方式都为员工发展提供了保障。

工业 4.0 是德国整个国家整体工业水平的体现，而不是某一个产业或某一个企业的升级，更不是建设几个先进的工厂，即没有所谓的局部工业 4.0。实际上，只有围绕工业产品的全生命周期，包含设计、生产、采购、销售、服务，以及消费者之间、消费者和厂商之间、厂商之间的互动等诸多环节在内的全面同步提升，才能真正构建起工业 4.0。无疑，工业 4.0 的影响将波及一国制造业的方方面面，归纳起来主要有：单个企业生产过程和模式的纵向整合；同一产业不同企业间不同生产过程的横向整合；不同产业上下游企业之间的交叉整合。最终将实现制造业端口的全面标准化、联通化，彻底打通设计、生产、销售以及服务的全产业链和各个环节。

（3）工业 4.0 与中国制造 2025 的深入对接

2016 年 6 月，德国总理默克尔第九次访华加快了中国制造 2025 与德国工业 4.0 的对接，合作热度再度攀升。李克强在接待德国总理默克尔时指出，深化中德合作需要发挥创新思路，拓展共同利益，携手打造更多新动能、新亮点。中方愿同德方在即将举行的第四轮政府磋商中深入探讨中国制造 2025 与德国工业 4.0 对接、第三方市场合作、智能制造、创新创业等领域合作。中方欢迎包括德国在内的各国企业扩大对华投资。希望中德加强在二十国集团中的沟通与合作，共同致力于促进全球经济增长，维护世界的和平与稳定。而默克尔表示，德方愿与中方广泛开展智能制造、新能源汽车、第三方市场等合作。

相比德国制造业，中国制造业目前总体上还处在工业 2.0 与工业 3.0

之间的水平，以汽车制造为例，不少本土企业的焊接、冲压车间还远未实现自动化。这不只是资金和设备投入方面的差距，更是生产管理、工艺技术以及上下游相关企业水平的差距，也可以说是中国制造业的整体差距。中国制造业总体的能耗、效率、质量、技术含量以及成本控制程度等，与德国的差距都非常明显。所以在对接过程中，德国有其技术优势，中方在资本和人力资源上有优势，还拥有规模巨大的市场。这些要素组合起来，不仅对中德两国制造业的升级有利，甚至对全球的制造业发展都会起到推动作用。

德国的工业4.0是建立在其全球制造业的优势基础上的产业持续优化战略，目的在于发展基于互联网技术的制造业实体经济，保持其在全球制造业的领先地位。智能制造为主要标志的工业4.0，使"中国制造"低成本的传统优势即将丧失殆尽。未来的智能工厂，是一个人工智能管理的、具有自我完善能力的制造体系。同时工业4.0还将带来商业模式的创新和变革，通过充分的物联网平台，消费者可以直接向工厂表达需求，智能工厂则经过大数据分析和云端处理，及时组织各相关要素，按照消费者的需要进行产品的设计、生产及服务。因此不仅生产环节，而且销售和流通环节的人力成本所占比重都将显著降低。这些变化对中国制造业而言，都将会产生巨大冲击。

在这种情况下，工业4.0给中国制造业的转型升级提出了全新的要求，使正在努力向工业3.0追赶进军的中国，面临更为严峻的挑战。一方面，工业4.0对制造业提出了更高的标准，中国制造业如果选择"跨越式"地迅速跟上，以现有水平来看难度还是非常大；另一方面，如果选择暂时不跟进，未来则可能要面对更大的落后，处在一个两难的尴尬境地。

中国没有可能避开这个趋势，去另辟蹊径来实现制造强国，而是必须基于现有水平，努力填平补齐，倾全国之力争取迎头赶上，弯道超车。同时，中国在信息产业方面具有一定比较优势，全球顶级互联网企业基本都分布在美国和中国，这又是德国所不具备的，我们必须高度重视、充分利用这一条件。

当前我国提出的"互联网+"等战略恰恰指向了这一战略方向——如果说此前提出的"两化融合"代表着中国向工业3.0快速迈进的努力，那么2015年发布的中国制造2025战略规划，则以"互联网+"为基础，明确提出了与德国工业4.0同等境界的中国制造业未来发展目标：中国的目标是最终跻身于世界制造强国前列。习近平总书记说：德国推出了工业4.0战略，……我相信，当"德国制造"和"中国制造"真诚牵手合作，我们所制造的将不仅是高质量的产品，更是两国人民的幸福和理想。

3. 美国"制造业回归"战略

美国政府在金融危机后提出了"制造业回归"战略，并通过构建制造业创新网络计划来培养发展高端制造业，目的是为了确保下一轮制造业革命发生在美国。而美国制造业创新网络计划所取得的成效，更是对中国新兴战略产业发展有着不可忽略的影响与借鉴作用。

2011年2月，美国政府重磅推出美国创新战略；3月，奥巴马总统提出《美国制造业创新网络计划》；4月，美国白宫科技政策办公室出台"21世纪大挑战"计划；2013年1月，美国总统执行办公室、国家科学技术委员会和高端制造业国家项目办公室联合发布了《国家制造业创新网络初步设计》。

《美国制造业创新网络计划》的目标是通过投资10亿美元组建美国制

造业创新网络（NNMI），从而推动高校、企业和政府部门形成合力，通过缩小科研与商业之间的差距，打造一批具有先进制造业能力的创新集群；促进新技术、生产工艺、产品和教育项目的开发，推动美国先进制造业的复兴；为美国创造更多的就业机会，从而提振美国经济。

美国制造业创新网络的实体是 15 家制造业制造创新研究所，制造业制造创新研究所汇集企业、大学、社区学院，以及联邦、州和地方政府等相关机构，共同投资产业共性技术，加快制造业创新。除此之外，创新网络的另一个组成部分是协调性网络，即通过协调和推广手段，来扩大单个制造创新研究所的影响力以确保研究所充分发挥其潜力。

2012 年 8 月，美国在俄亥俄州的扬斯敦建立了第一家制造业制造创新研究所，用于研发 3D 打印技术。其中，美国国防部、能源部和商务部等 5 家政府部门承诺共同出资 4500 万美元，首笔资金为 3000 万美元；由俄亥俄州、宾夕法尼亚州和西弗吉尼亚州的企业、学校和非营利性组织组成的联合团体出资 4000 万美元。目前该研究所由大约 85 家企业、13 所研究性大学、9 个社区学院和 18 个非营利组织共同参与运营。凭借在 3D 打印方面的领先地位，扬斯敦已从破落的钢铁城发展成为新兴产业的中心。

2013 年 2 月，奥巴马提议联邦政府一次性拨款 10 亿美元建立 15 个制造业制造创新研究所，组成全美制造业创新网络，以缩小基础研究和产品开发的差距，加快科技成果转化和大规模商业化应用。2014 年 1 月，在北卡罗来纳州建立了下一代电力电子制造创新研究所。2 月，在底特律设立了轻量制造和现代金属制造创新研究所，在芝加哥建立了数码制造和设计制造创新研究所。截至 2014 年 9 月底，美国已建立 4 个制造业制造创新研究所。

美国制造业创新网络计划中，每个制造创新研究所都是一个区域制造业创新中心，研发活动聚焦于某一种平台性技术，注重技术优势和产业优势的有效对接。

制造创新研究所主要支持介于"'发现／发明'起步阶段的创新"和"商业化之前开始规模生产时期的创新"。其重点研究领域包括：开发碳纤维复合材料等轻质材料，提高下一代汽车、飞机、火车和轮船等交通工具的燃料效率、性能以及抗腐蚀性；完善 3D 印刷技术相关标准、材料和设备，以实现利用数字化设计进行低成本小批量的产品生产；创造智能制造的框架和方法，允许生产运营者实时掌握来自全数字化工厂的"大数据流"，以提高生产效率，优化供应链，并提高能源、水和材料的使用效率等。

2014 年 10 月 27 日，美国先进制造业联盟（Advanced Manufacturing Partnership，AMP）指导委员会发布《振兴美国先进制造业》（Accelerating U.S.Advanced Manufacturing）报告 2.0 版，指出加快创新、保证人才输送管道、改善商业环境是振兴美国制造业的三大支柱。其中在确保人才梯队方面，2014 年秋天，美国劳工部设立 1 亿美元的"美国学徒奖金竞赛"（American Apprenticeships Grant Competition），以促进新的学徒模式发展，在先进制造业等领域产生规模效应。先进制造业指导委员会的成员陶氏化学、美国铝业公司等知名企业已经开始进行学徒制试点，并为参加学徒制培训战略项目的雇员发放指导手册。

先进制造业的回归，无疑将会给美国未来经济注入新的动力，同时也带来更多的高端就业机会。对于中国而言，随着中国劳动力成本上升、人民币升值以及环境资源等瓶颈的出现，意味着中国生产要素价格重估的开始，中国制造业低成本的优势将逐步消失，这是中国未来十年最大的挑战之一。因此，加快实施"制造强国"和"网络强国"战略进而实现中国整体转型升级已经迫在眉睫。

二、培育工匠精神的核心是育人

1.中国制造的新方向

今天，中国制造业正在经历一场转型，一次革命，它每分每秒都在改变着中国。从观念转型带动结构转型，不断突破行业边界。制造业是国民经济的支柱产业，是工业化和现代化的主导力量，是国家安全和人民幸福的物质保障，是衡量一个国家或地区综合经济实力和国际竞争力的重要标志。历史证明，每一次制造技术与装备的重大突破，都深刻影响了世界强国的竞争格局，制造业的兴衰印证着世界强国的兴衰。实践也证明，制造业是创新的主战场，是保持国家竞争实力和创新活力的重要源泉。

《中国制造2025》是我国实施制造强国战略第一个十年的行动纲领。它并不是一个一般性的行业发展规划，而是着眼于整个国际国内的经济社会发展、产业变革大趋势所制定的一个长期战略性规划，不仅要推动传统制造业的转型升级和健康发展，还要在应对新技术革命的发展当中，实现高端化的跨越发展。

（1）制造业强国三步走

我国制造业强国进程可分为三个阶段，第一阶段，到 2025 年，综合指数接近德国、日本实现工业化时的制造强国水平，基本实现工业化，中国制造业迈入制造强国行列，进入世界制造业强国第二方阵。在创新能力、全员劳动生产率、两化融合、绿色发展等方面迈上新台阶，形成一批具有较强国际竞争力的跨国公司和产业集群，在全球产业分工和价值链中的地位明显提升。

第二阶段，到 2035 年，综合指数达到世界制造业强国第二方阵前列国家的水平，成为名副其实的制造强国。在创新驱动方面取得明显进展，优势行业形成全球创新引领能力，制造业整体竞争力显著增强。

第三阶段，到 2045 年，乃至新中国成立一百周年时，综合指数率略高于第二方阵国家的水平，进入世界制造业强国第一方阵，成为具有全球引领影响力的制造强国。制造业主要领域具有创新引领能力和明显竞争优

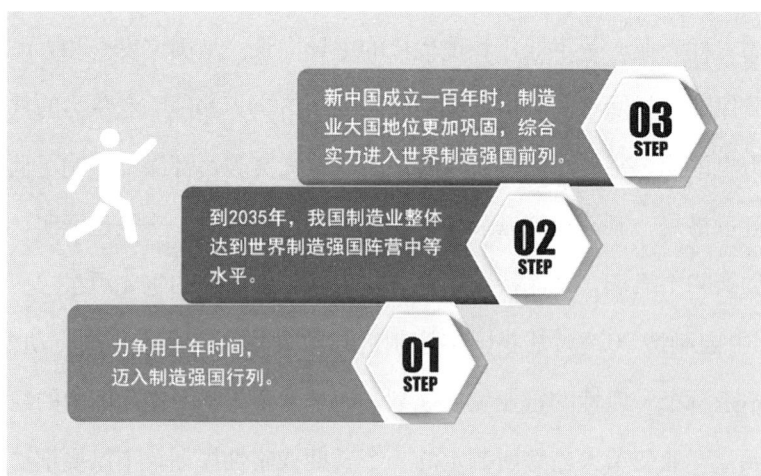

"中国制造 2025"战略的制造强国三阶段

势，建成全球领先的技术体系和产业体系。

（2）**九大战略任务和重点**

包括提高国家制造业创新能力、推进信息化与工业化深度融合、强化工业基础能力、加强质量品牌建设、全面推行绿色制造、大力推动重点领域突破发展、深入推进制造业结构调整、积极发展服务型制造和生产性服务业、提高制造业国际化发展水平。新一轮工业革命的主要特征是信息技术与制造技术的深度融合，以实现国家制造业创新能力的提升。在深度融合的过程中，一方面从工业自身来说，要强化工业基础能力、加强质量品牌建设、大力推动重点领域突破发展；另一方面从工业环境来说，需要全面推行绿色制造、深入推进制造业结构调整、积极发展服务型制造和生产性服务业、提高制造业国际化发展水平。

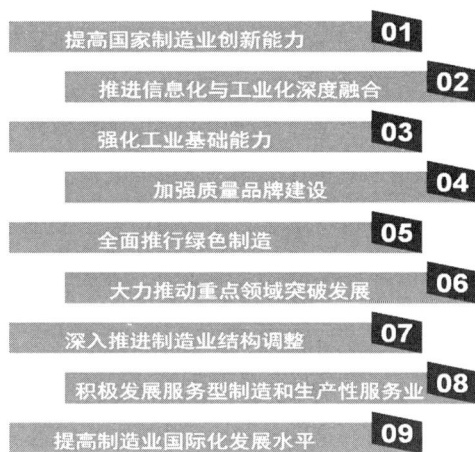

提高国家制造业创新能力 **01**
推进信息化与工业化深度融合 **02**
强化工业基础能力 **03**
加强质量品牌建设 **04**
全面推行绿色制造 **05**
大力推动重点领域突破发展 **06**
深入推进制造业结构调整 **07**
积极发展服务型制造和生产性服务业 **08**
提高制造业国际化发展水平 **09**

"中国制造2025"战略的战略任务

（3）**十大重点领域和五大重点工程**

中国制造2025十大重点领域包括：新一代信息通信技术产业、高档数控机床和机器人、航空航天装备、海洋工程装备及高技术船舶、轨道交通装备、节能与新能源汽车、电力装备、新材料、生物医药及高性能医疗

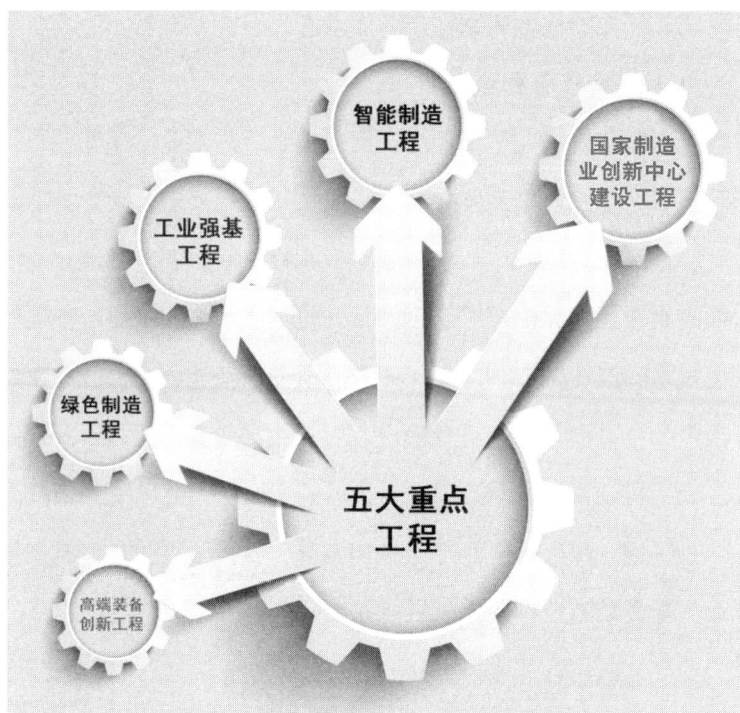

"中国制造 2025"战略的五大重点工程

器械、农业机械装备。

"中国制造 2025"五大重点工程包括国家制造业创新中心建设工程、智能制造工程、工业强基工程、绿色制造工程、高端装备创新工程。国家制造业创新中心建设工程主要是指面向未来的 10 大重点领域的基础研究和产业化的工程，建设一批产学研用相结合的制造业创新中心。智能制造是新一轮工业革命的核心，只有通过智能制造，才能带动各个产业的数字化水平和智能化水平的提升。实施工业强基主要是为了解决基础零部件、基础工艺、基础材料落后问题。实施绿色制造工程则是要努力解决我国经济发展的环境和资源的制约问题。在实施互联网、数控机床、大飞机等专项的基础上，推进新的高端装备创新专项。

2.经济理性与人本主义的冲突

(1)"智能工厂"更加需要优秀的产业工人

随着现代机器化大生产对传统手工业的取代，传统工种逐渐从历史舞台中退出，有观点便认为，生产线上的产业工人越来越少，工匠精神已经过时了。而事实上，在智能制造时代，智能工厂的理念并不是提倡无人化。与此相反，人在智能工厂中的作用将更加重要，因为在 CPS 以及物联网系统中，人是部件设计、安装以及更新保养的实施者，是实现信息交互、进行决策和流程优化的核心载体。

济南第二机床厂之所以能够为美国福特汽车公司提供高端装备，就是因为他们拥有一批吃苦耐劳、扎实肯干的一线工作者。

在过去的几十年中，福特已经习惯使用德国和美国的生产线，而让福特汽车破天荒的放弃传统工业制造强国的产品而选用中国制造的生产线，几乎是不可能的，济南第二机床厂为此付出了巨大的努力。早在 2005 年，福特冲压生产线项目主管来中国考察时认为，中国的汽车冲压设备至少落后世界发达国家 10 年。然而，短短数年之后，济南二机床依靠多年积聚的自主技术，与德国等国家的世界强手展开比拼，屡屡打破国外垄断，在国际高端汽车领域展示了中国制造的新形象，也让福特认识到了这个来自中国的企业的实力。正在实施的美国福特项目整体工程已接近尾声，从前期竣工投入使用的 3 条冲压线看，技术、质量和交货期均满足了福特的高标准要求，很多方面都优于竞争对手德国的冲压生产线产品。福特冲压生产线项目主管说，他们非常满意，事实证明他们当初的选择是正确的。

依靠工匠精神济南二机床凭借优秀的品质征服了高端装备用户

济南二机床为什么能够被福特选中？这其实是他们十年磨一剑的结果。早在2004年，他们就开始对"大型快速数控全自动冲压生产线"这一汽车冲压领域的变革产品进行攻关，近十年的时间，先一步步在国内推广。一个又一个项目的运营成功，一次又一次的客户赞誉，使他们终于获得了福特的订单。

为了与福特汽车公司的两条德国生产线一比高下，济南二机床接到订单后，从设计环节开始，认真、细致、扎实地走好每一步。他们按照福特标准制定近百种技术标准及规范性文件；提高工作标准，修订和完善200余项制造工艺规范和作业指导书；启动复合型人才培养计划，举办英语、操作技能等各种培训班30余个，为550人进行了上万学时的培训；先后派遣50余名技术和安调人员奔赴美国，共计提供9000人天的安调指导。董事长张志刚曾经这样总结过他们成功的原因："干我们这行只能一步一个脚印，即使是爬喜马拉雅山，也得用脚爬，坐直升飞机不行！"

先进的机器制造，强硬的是一个国家民族的脊梁，从百万吨乙烯工程实现自主制造，到高端数控机床实现突破，再到工程机械的全面超越，中国的机器制造已经从学习走向创造。济南二机床赢得世界装备制造业的尊重，正是中国工业发奋图强，赶超世界先进水平的缩影，也是中国装备制造业十年来的创新成就的缩影。正是那些长期为国家工业建设发展默默奉献、勤奋实干的企业群体，以及精益求精、满怀信念的普通的产业工人，为我们赢得了掌声和赞誉。

（2）"精益求精""止于至善"的工匠追求

工匠的"精益求精""止于至善"的精神来源于何处？古希腊哲学家亚里士多德对此有一个深入的思考。

亚里士多德认为，工匠对产品精益求精的追求，产生于对目的善的欲求以及对自我创作产品的热爱。"存在对于一切生命物都值得欲求和可爱，而我们是通过实现活动（生活与实践）而存在，而产品在某种意义上也就是在实现活动中的制作者自身。所以，制作者爱他的产品，因为他爱他的存在"，"制作者所制作的产品是持久的（因为高尚的东西是经久的）"。在亚里士多德看来，除对目的的追求之外，工匠对产品精益求精的追求，还体现为工匠对自己制作的产品的由衷地热爱，工匠精神体现了对永恒存在与高尚人格的不懈追求。

另一位古希腊哲人柏拉图也认为，工匠制作产品的目的不是为了获得某种物质性报酬，而是为了追求作品自身的完美，工匠的技艺全在于追求作品的完美与极致。这是一种非利唯艺的纯粹精神。

在当今的中国，这种纯粹精神也不乏代表，中国石油集团东方地球物理公司物探技术研究中心（以下简称东方物探）就是其中的一个。

2015 年，面对低油价带来的物探市场持续下行困境，东方物探紧紧依靠以高精度叠前深度偏移成像为核心的"两宽一高"（宽方位、宽频带、高密度）等高端技术和核心利器，在国内外物探市场攻坚啃硬，继续成为全球陆上物探的"领跑者"。

随着勘探开发向复杂油气藏勘探领域渗透和进军，对勘探开发技术的要求越来越高。如果说20世纪的油气勘探，是劳动密集型企业的天下，那么21世纪的油气勘探，则是技术密集型企业的天下。可以说，谁拥有高端技术和核心装备，谁就能拥有市场和未来。谁能集成和应用高新技术与装备，谁就能拥有市场和未来。所谓拥有核心技术和高端装备，就是要做到"人无我有，人有我优""你在单项技术领先，我有系统技术支撑"。

经过10多年创新与实践，东方物探自主研发了基于KLSeis软件、G3i全数字地震采集系统、低频可控震源KZ28LFV3、数字化地震队（DSS）、GeoEast海量数据处理系统五大自主核心装

备和软件的"两宽一高"地震勘探配套技术,填补了多项国内技术空白。以高精度叠前深度偏移成像为核心的"两宽一高"技术,一举突破传统三维地震勘探方法,在复杂山地、富油气区、碳酸盐岩、致密油气等勘探领域实现全面应用,成为解决复杂油气藏勘探开发难题的有效技术手段。

这种在技术革新中啃硬骨头,甘于寂寞的精神,真正体现着新一代技术工人和工程师的工匠精神。精益求精,以苦为乐,正是这种纯粹、极致精神的体现。

不可否认,现阶段我国制造的困境还是在于中国制造的质量。我国号称"世界工厂",几乎可以生产世界上绝大部分的产品,但很多产品的质量比较平庸。产生这些质量问题的根源究竟何在?当代工匠精神的淡化,根本在于经济理性的无限度扩展,导致人本主义的存在空间被严重压缩。

匈牙利哲学家和文学批评家卢卡奇认为,人类文明始终存在两种张力,一种是以弘扬人的主体性为特征的人本主义,一种是可计算化可定量的科学精神,科学精神与经济的结合在现代社会里,演变成了建立在被精细计算基础上的经济理性与技术理性。这两种力量始终处于激烈的冲突之中。

现代社会,经济理性主义精神取代了人本主义成为社会的主流价值观,以追求利益的最大化成为支撑当代中国工商业发展的内在驱动力,人们从事一切制造、生产、服务活动的最终目的是实现经济利益的最大化。代表人本主义的工匠精神,自然也就被淹没在追求经济快速发展的潮流之中。

但历史发展的事实一再表明,质量低劣的产品虽然能够暂时获得利益,但注定是昙花一现,最终难免遭遇被淘汰的厄运。世界名牌产品百年不衰的历史经验告诉我们，只有在工作中始终贯穿工匠精神，以追求完美与极致为目的，不断精雕细刻、精益求精，才可能赢得大众的信赖，工业强国的梦想才能得以实现。

（3）工匠精神助力"中国制造2025"

"中国制造2025"为中国未来三十年的制造业规划了发展路径，无论是"三步走"的战略进程，还是九大战略任务、十大重点领域的具体实施步骤，所有的宏图大业都需要最后落实到行动上，落实到每一个工业领域的建设者身上，只有他们发挥工匠精神的原动力，尽心尽力、精益求精地为实现中国制造业强国的目标而努力奋斗，"中国制造2025"的宏伟愿景才能得以实现。李克强总理2016年5月25日在贵阳出席中国大数据产业峰会暨中国电子商务创新发展峰会开幕式致辞时强调指出，企业家精神和工匠精神有机结合，可以使产品品质和企业效益都有提升，更好满足消费者对产品和服务的需求。

纵观近代工业发展史，正是工业精神为德国、美国、日本制造的强盛打下了精神层面的基础。几百年来，这些制造者对自己所从事的工作有一种宗教般的虔诚，依靠信念和信仰，凭借耐心和专注，不断打造着精品，历经风雨而不倒，让一个又一个的制造企业绽放出不朽的光芒。今天在我们通向制造业强国的道路上，同样需要这样的工匠精神，同样需要精雕细琢、精益求精的精神理念。

只有人才是中国制造的本体；具有工匠精神的人，才是支撑中国制造的基石。任何一次工业的创新和革命，都会伴随着从业者数量的减少，然而新的生产方式必然会催生出新的岗位，具备新的技能、至臻至美的制作者永远都不会从历史的舞台上谢幕。即使是今天的世界制造业发达国家，也都有一大批具有工匠精神的脊梁在底部支撑。工匠精神并不代表保守，相反，由他们组成的涓涓细流，汇成了企业、行业、产业的创新洪流，正如习近平总书记所说：让劳动光荣、创造伟大成为铿锵的时代强音。

实际上，中国制造需要在相当长的时间内，同时推动"工业2.0""工业3.0""工业4.0"，以获得足够的发展、积淀和传承。在这一进程中，中国制造比以往更迫切需要大量高素质的人，只有培育和保护好人的专注严谨、专业敬业的工匠精神，中国的制造业才有出路，才有后劲，才可能在30年后真正迈入世界制造的第一方阵。

三、当代工匠精神的新价值

1. 培育工匠精神是践行社会主义核心价值观的客观要求

党的十八大强调，要倡导富强、民主、文明、和谐，倡导自由、平等、公正、法治，倡导爱国、敬业、诚信、友善，积极培育和践行社会主义核心价值观。富强、民主、文明、和谐是国家层面的价值目标，自由、平等、公正、法治是社会层面的价值取向，爱国、敬业、诚信、友善是公民个人层面的价值准则，这24个字是社会主义核心价值观的基本内容。

我国正处在大发展、大变革、大调整时期，在前所未有的改革发展和开放进程中，各种价值观念和社会思潮纷繁复杂。社会主义核心价值观的提出，为我们民族精神层面的发展指明了方向，而工匠精神的实质与社会主义核心价值观一脉相承。

践行社会主义核心价值观，需要弘扬工匠精神。中华民族素有敬业乐群、忠于职守的传统美德。孔子云"执事敬""事思敬""修己以敬"。今天，爱岗敬业是社会主义核心价值观的重要内容，而工匠精神就是敬业的体现。摒弃浮躁、宁静致远，坚守初心、不断前进，这种高尚的工匠心境，在促使劳动者把更多的时间投入到枯燥的专业发展并从中寻求到职业快乐。

建功"十三五"，需要弘扬工匠精神。在"十三五"中国经济腾飞的关键节点上，当前我国制造业存在着产品档次整体不高、自主创新能力不强等问题。究其本质，正是"差不多精神"在作祟。即便拥有世界一流的技术、一流的设备、一流的规范，但却因为缺少工匠精神，而缺少一流的产品。《尚书·大禹谟》有云："人心惟危，道心惟微；惟精惟一，允执厥中。"只有秉承惟精惟一的品质追求，弘扬精致精细、执着专一的工匠精神，才能从根本上提升中国制造的质量，解决中国产品整体档次不高的问题。

同时，探索将培育工匠精神与社会主义核心价值观结合起来，把社会主义核心价值观作为一种独特的生产要素融入企业生产经营过程，引领企业发展方向，提升价值支持，规范道德行为，凝聚发展意识，助推制造强国建设。

2. 工匠精神在新时代的新价值

工匠通过追求技艺与制作品的精益求精，将"精业"与"敬业"相结合，从而达到一种"道技合一"的人生理想状态。在现代工业中，这种"工匠精神"仍然具有广泛而现实的指导意义。

刘霞是上海汽轮机厂一位经验丰富的焊接工程师，在经历了无数次汽轮机转子焊接试验后，她终于掌握了这项发达国家始终不同意转让的核心焊接工艺。这是世界上最高难度等级的焊接技术，只掌握在极少数发达国家企业手中。在这项焊接工艺中，每一次焊接试验都需要对焊缝使用放射线仪器进行无损探伤，每一个转子叶片都需要在摄氏 600 度的高温环境中，以每分钟 3000 转的速度连续工作 30 年无故障。这对焊接技术人员的技艺水平是一个极大的考验。

汽轮机主机部件检查

为了完成这项焊接工艺的攻关，刘霞每天面对放射探伤拍片，深入思考，在半年的时间里，经历了 70 多次试验，终于解决了这项焊接工艺难题，让西方的焊接技术专家感到非常不可思议。1 条焊缝，掌握核心工艺的西方技术专家要 1 个月的时间完成，而刘霞在 1 周内就可以高质量地完成 5 条焊缝的加工。当时不肯转让汽轮机技术的德国西门子公司，这时候返回头来找上海汽轮机厂，反复派专家团队来上海，寻求双方在焊接技术中的合作。

燃气轮机、喷气发动机这两种热动力机械号称工业制造的明珠，加工难度大，对材料、机加工、热处理等各类基础条件要求高，和发达工业国家相比，我国的制造水平尚有一定差距。高端汽轮机的应用将会大幅减少煤炭消耗，降低烟气粉尘等污染物的排放，因此，掌握先进的汽轮机制造技术，对于我国充分利用煤炭资源，保护好环境有着十分重要的作用。正是无数像刘霞这样普普通通的产业工人，用自己的青春和汗水打破了国际上对中国先进汽轮机技术的封锁，使得哈尔滨汽轮机厂、东方汽轮机厂、上海汽轮机厂这三大汽轮机厂都能够自行生产全球最先进的百万千瓦超超临界燃汽轮机。同时，他们还使得中国企业搭建出更高的技术平台，使中国当之无愧地成为世界发电设备的主要出口国。引进、消化、吸收、发展，中国的制造企业就是靠着一代又一代技术工人摸索、创新的精神得以跨越式发展。

"科学家脑中产生想法，工程师用图纸实现工程化，工人制造出产品"，三者缺一不可。今天，"机器换人"的风潮越刮越猛，广东东莞已经出现了"无人工厂"。但我们相信，无论技术发展到什么水平，都离不开人这一最核心的生产要素。例如，在高度自动化、智能化的飞机制造行业，许多飞机零件仍然需要靠手工来打磨。对于那些角度很小或者有复杂转角的零件而言，就无法用机器加工到位，而是需要具备高超技术水平的工人加工。因此，在世界著名飞机制造公司波音公司和空客公司内，仍然保留有一批技能水平相当高的人员从事手工劳动。

工人作为将设计转化为实物产品的执行者至关重要，他们的作用是机器不可替代的。虽然一些复杂结构的产品也可以用机器来加工，但只有人是最具柔性的，在面临更复杂的情况时，只有人才可以发挥创造力来解决。机器再先进，终归只是人的能力的延伸，只能按照程序重复运作，而人却能够不断实现改造和创新，这是机器永远无法具备的。

因此，无论技术发展到什么阶段，高技能的工匠都不可或缺。事实上，拥有工匠精神的劳动者，能够在制造中不断改进工艺，在改造中努力突破极限，既承担"制造"的功能，也具备"创造"的能力。

在飞速发展的时代，人们的心灵易于在快节奏中迷失。踏实工作的人少了，急于求成的人多了，社会风气变得浮躁了。此时，倡导培育"工匠精神"好比一剂"清心剂"，提醒人们静下心、多钻研、专注当下、投入工作。如果"工匠精神"成为产业工人的共识，"中国制造"的品质提升和竞争力增强就会指日可待；如果工匠精神成为全社会的共识，各行各业都以追求极致、做到最好为目标，就可以有力助推中国经济发展，加快全社会凝神聚力共圆中国梦的进程。

工匠精神代表着一个时代的气质，坚定、踏实、精益求精及对完美品质的恒久追求。经过30多年的发展，中国制造正在摆脱低端竞争的格局，努力向中高端迈进，而工匠精神正是中国制造由大变强、由粗变精、由外及里的强身健体的"精神之钙"。

第五章

品质革命塑造中国制造新形象

近年来，消费已取代投资成为拉动中国经济增长的主要动力。数据显示，2015 年最终消费支出对中国 GDP 的贡献率为 66.4％，比上年大幅增长 15.4 个百分点。另一项数据表明，2015 年我国出境游人数达到 1.2 亿，境外消费 1.5 万亿元，其中仅购物一项消费就接近 8000 亿元。显而易见，如果能够有效引导境外消费"回流"，无疑对于带动中国经济增长的意义重大。当然，每个人都有自由选择、自主消费的权利，但值得反思的是，中国制造业门类齐全，世界 500 余种主要工业品种，中国有 220 多种产品产量位居世界首位，其中包含 100 多种消费品。那么在众多制造企业已经深陷产能过剩的困局无法自拔的同时，为何国人还不远万里去境外扫空别人的货架？"中国制造"在国人心中的形象到底出了什么问题？习近平总书记在中国科技大学同科技人员交谈时指出，我国的经济体量到了现在这个块头，科技创新完全依赖国外是不可持续的。我们毫不动摇坚持开放战略，但必须在开放中推进自主创新。李克强总理在考察东风商用车重卡新工厂时进一步具体阐述，中国制造的品质革命，要靠精益求精的工匠精神和工艺创新，其中关键是以客户为中心。要以客户不断提升的消费需求，倒逼"中国制造"全面升级。2016年5月，国务院办公厅发布了《关于开展消费品工业"三品"专项行动营造良好市场环境的若干意见》，提出"立足大众消费品生产推进'品质革命'"。品质革命既蕴藏企业的市场空间，又指明了产业的升级方向，也引领着中国制造再塑新形象。

一、中国制造的形象危机

习近平总书记多次指出，要注重塑造我国的国家形象。而国家制造业的形象是国家形象的重要组成部分，是一个国家制造业的无形资产，对国家的政治、经济和社会等的发展具有重要战略价值。

《中国制造2025》指出了"中国制造"大而不强的根本原因，"新中国成立尤其是改革开放以来，我国制造业持续快速发展，建成了门类齐全、独立完整的产业体系，有力推动工业化和现代化进程，显著增强综合国力，支撑我世界大国地位。然而，与世界先进水平相比，我国制造业仍然大而不强，在自主创新能力、资源利用效率、产业结构水平、信息化程度、质量效益等方面差距明显，转型升级和跨越发展的任务紧迫而艰巨。"

当前我国制造业供给侧存在产能过剩的重要因素之一，就是中国制造业欠缺自主品牌和创新研发体系，以代加工为主体的制造业受制于人，缺少市场调节的能力。

1. 中国制造形象模糊

改革开放三十多年，中国通过"三来一补"、委托加工、合资独资等方式在全国建立起了数以千计的工业开发区，构建了全世界最大的代工基地，为全球70%以上的品牌企业加工产品，虽然苹果、索尼、三星、飞利浦、阿迪达斯、戴尔等人们耳熟能详的国际品牌都标注着"Made in China"，实际上自身定位不清，形象模糊，干的都是为他人作嫁衣之事，代工厂发展模式曾是国内开发区招商引资的主要内容，从20世纪80年代蛇口工业区搞"三来一补"到20世纪90年代昆山工业区成为世界笔记本主产地，代工生产使我们赢取了"世界工厂"的美名的同时，也使我们的制造业在一定程度上失去了自主研发的动力，工匠精神开始流失，创新精神受到遏制，产品质量的总体水平偏低，自主品牌的处境岌岌可危，这些都导致"中国制造"整体形象受到影响。

深圳蛇口工业区是最早的"三来一补"加工基地之一

以国内某衬衣品牌企业为例，该企业进入20世纪80年代后开始为国际名牌衬衣企业来料、来样（设计）加工，自身不再开发设计新产品，最多时曾自豪地号称为全球 200 多个品牌衬衣代工。如今，随着代工外贸的急速滑坡，自主品牌丢失了，没有了自主设计的能力，企业对发展前景感到无限的迷茫，只能重新寻找出路。类似的问题普遍存在于制造业的各个行业之中，我国出口电视机曾经近 50% 的产品不是以自己的品牌出售，我国高技术产品的出口甚至高达 90% 是由合资企业生产的国外品牌。三十多年来，低端加工制造为我国经济发展贡献了原始积累，但也消耗了大量的廉价劳动力、土地、环境等要素资源。

随着时代的前行，互联网、大数据、智能化技术的成熟，以大机器生产的批量化产品来满足消费需求的时代正在成为过去，人的需求开始走向个性化和定制化。基于以规模化加工为主体的"中国制造"，不可避免地出现了产能过剩，大量的加工厂关门停产。

以港台代工企业最大集聚地的东莞地区为例，仅 2008 年至 2012 年，对外公开的数字是 7.2 万家企业被关闭。2013 年，电子仪器仪表制造、纺织服装鞋帽、塑料制品及金属制品等行业的倒闭关停企业，分别占全市总数的 44.1%、11.8%、7.6% 和 7%，合计占比 70.5%。这股破产风潮从小型企业不断向大型工厂蔓延，数据显示，仅 2015 年 10 月就有台湾兴鸿鞋厂等 10 多家大型代工企业相继破产。

东莞现象并非个例。"连续 5 年排名福布斯中国大陆最佳县级城市第一，连续 9 年位列全国中小城市综合实力百强县市榜首，实现台湾电机电子同业公会'大陆综合实力极力推荐城市'五连冠……"这是昆山市长在2014 年政府工作报告中提及的"昆山实力"。如今，被誉为"笔记本之都"的富裕小城——昆山同样正在面临着未来发展道路的重大抉择。

三十年前，昆山人自费办开发区，引进了大批外向型加工制造类的台资企业。凭借"昆山模式"，这个传统农业小县迅速一跃成为我国改革开放的前沿地区。当年，昆山新引进外企的平均每亩土地投资额可达26万美元，每平方公里产出达5000多万美元。这些外企以代加工电子产品的台资企业为主，尤其是笔记本电脑。在生产能力达到最高峰时，全球笔记本电脑有2/3由昆山生产，有人戏称，如果昆山通往上海的高速公路堵车的话，全世界笔记本电脑的价格就会上涨。

随着世界经济的持续低迷，传统制造业正在转移，土地价格和人力成本不断上涨，高附加值的新兴产业未形成支柱等等一系列的问题使得昆山经济面临着前所未有的压力。昆山的笔记本产量已经从最高峰的1.2亿台减产过半，台资的陆续出走或者倒闭给当地经济发展带来的"空心化"影响，"昆山模式"亟待升级。

显然，代工厂模式的制造业发展已经影响到"中国制造"清晰定位，明显不适应我国经济发展的现实需求，也不符合国际制造业发展的趋势，我们只有向制造业"微笑曲线"两端布局，向高附加值链条进军，一手抓自主研发，一手抓质量品牌，我国制造业才能取得进一步发展，"中国制造"的整体形象才能得以重塑。

2. 症结所在

2015年中国游客日本抢购"电饭煲""马桶盖"的风波，引发了系列市场反应，也再次将"海淘"这个词汇推入大众关注的视野，特别是节假日旅游高峰时期，中国游客在世界各地扫货新闻屡见不鲜。数据显示，2015年中国公民境外购物金额超过万亿元。

"海淘"现象一方面反映出国人对"中国制造"的不自信，另一方面也折射出我国制造业长期以来"供给侧"的不足，主要体现在自主创新能力不强、自主品牌产品不多。有人曾做过估算，新中国成立初期中华老字号品牌大概有 6.5 万个，经过几十年的发展，现在市场上能见到仅存 1500 个左右，而经营比较正常的大约仅占 10%，这与德、日等西方发达国家百年历史的品牌企业数量相距甚远，没有历史悠久的企业，又如何形成持久的国家制造业的整体形象。那么，让我们梳理一下其中的症结之所在。

一是缺失了工匠精神之中精益求精的追求。单纯追求利润最大化，追求规模扩大化，只重结果，不重效果，造成粗制滥造和假冒伪劣的产品横行市场，甚至引发了一些行业的诚信缺失。

2008 年的一起食品安全事件轰动全球，事件的起因是很多食用三鹿集团生产的奶粉的婴儿被发现患有肾结石，随后在其奶粉中发现化工原料三聚氰胺。根据公布数字，当年因使用婴幼儿奶粉而接受门诊治疗咨询的婴幼儿累计近 40000 人，死亡 4 人。2008 年 12 月 23 日，石家庄市中级人民法院宣布三鹿集团破产。

"三鹿奶粉"事件重创了中国制造的信誉，不但多个国家禁止了中国乳制品的进口，还引发了我国消费者对国内乳制品安全乃至中国食品安全的持续性不信任。3 年之后，根据中央电视台《每周质量报告》调查，仍有 7 成中国民众不敢购买国产奶。这一事件带来的是整个中国奶制品产业链的萧条，终端市场消费购买的减少，使得国产乳制品企业连续减产；奶制品企业收购鲜奶下降，造成鲜奶价格一路下跌，奶农养殖入不敷出，奶牛存栏年年下降。诸如此类的还有"毒胶囊"事件、羊肉卷掺假事件、假冒"五常大米""毒生姜"事件、瘦肉精、地沟油、皮革奶、假茅台等食品安全问题，"楼脆脆""桥塌塌"等伪劣工程事件……这些严重违背工匠精神的事件累积造成的恶果是中国品牌的折价乃至中国制造整体形象的蒙羞，很多人形成了这样的偏见，只要是贴着"中国制造"的标签就有假冒伪劣的风险，就是低质低价的代名词。在这样的环境下，高端制造企业的成长空间被压缩，品牌产品和企业进一步被国际边缘化，许多中国消费者失去了对中国产品起码的信任度，人们纷纷用"脚投票"，转而投向国际市场和国外品牌，海淘和海外代购的火爆大多源于此，也才会有到日本抢购日用品，到德国偷运奶粉，到法国、韩国采购化妆品的各类新闻见诸报端。

二是缺失了工匠精神之中的创新精神。这种工匠精神指的是，既体现勤劳之美的精神原色，又展现创造之美的价值升华。很多企业自主创新意识和能力不足，对先进科学技术的前沿发展不敏感。跨界整合能力低下，许多制造企业产品不能与时俱进，缺少面向市场需求的研发设计，从而使得品牌在竞争中逐步被淘汰。

中国第一家家用洗衣机的生产者——白兰白菊洗衣机，在20世纪八九十年代中期，其开发生产的波轮式单缸、双缸洗衣机供不应求，一票难求。而面对20世纪90年代国际上开始兴起的全自动洗衣机技术，企业不够重视，没有进行必要的技术储备和前瞻性的研发设计，而只是对传统产品不断扩大再生产。随着竞争对手小天鹅、海尔等企业品牌的相继崛起，松下、三星、西门子等国际品牌进入国内市场，白兰白菊品牌逐渐凋零，最终沦为他人的加工厂，如出一辙的还有华生电扇、黄河电视、熊猫电子、天坛衬衣、雪花冰箱、海鸥相机，以及飞鸽、永久、凤凰、燕牌自行车等系列民族品牌。

因循守旧，固步自封，缺少对市场的认识，不关注需求的变化，缺乏具有工匠精神的创新人才，科技研发能力不足，工业设计体系不健全，是造成品牌凋零的关键问题，也是供给侧结构性改革要解决的核心问题。

三是缺失了工匠精神之中的坚守精神。在引进外资的热潮之时，很多国产品牌缺乏积蓄破冰的定力和勇往直前的精神，一些地方政府也缺乏长远眼光，导致很多本来占优势地位的自主品牌纷纷外卖。

"大宝"品牌是北京三露厂的著名品牌，"大宝天天见"的广告标语在中国曾经广为人知。1998年，大宝产品首次位列国内同类产品销量第一。1999年，大宝商标被国家工商行政管理局评为"中国驰名商标"，其中美容日霜、美容晚霜还通过了美国食品药物管理局认证，长期以来被看作是能与外资日化品牌分庭抗礼的一面自主品牌的旗帜。

"大宝"品牌命运的转折点发生于2008年，强生（中国）投资有限公司以23亿元的高价收购了大宝，一方面是看重了大宝

中国名牌大宝

的渠道资源，同时也将其视为低端成人化妆品市场这一生产线的补充。收购之后，强生对大宝所持的态度是一种边缘化处理，并未对其最关键的品牌形象进行重新塑造，大宝是众多本土品牌外嫁后处境尴尬的一个缩影。汇源、双汇、苏泊尔、南孚、丁家宜等被外资收购的本土知名品牌，都是如此。

还有合资后随即被雪藏的众多中国品牌。被美国宝洁合资的"熊猫"牌，被百事可乐合资的天府可乐，被庄臣合资的美加净，被联合利华收购的京华茶叶等等，一经收购均被国外厂商雪藏数年，甚至十数年。部分国产品牌虽经中国企业努力使之回归故里，但却已是伤痕累累、血迹斑斑。品牌影响力几近清零，市场份额被剥夺殆尽，丧失了核心竞争力和自主创新能力。

四是忽视了技术人才的培养。相较改革开放之前，我国技术工人的薪资待遇和社会地位有所下降，大量职业技术学校合并升级成综合性大学，从 20 世纪 90 年代后期开始，我国制造业开始出现了技工荒，这种现象背后不仅折射出高技术人才的流失，实际上也从侧面反映了当前我国工匠精神的缺失。

由一个个惨痛的教训，我们可以看出工匠精神在企业战略甚至制造文化中占据了重要地位，当代工替代了创新，当假冒伪劣替代了精益求精，当眼前小利忽略了品牌大利时，其结果必然是失去了有效的供给。剩下的只有听命于他人，沦落为加工厂，没有品种、没有品质、没有品牌。只剩下"工匠"，而没有了"精神"。不仅满足不了消费者需求，还严重影响到"中国制造"的整体形象。

二、制造业供给侧结构性改革

当前，我国经济发展已经步入新常态，新一轮科技革命和产业变革正在孕育兴起，全球科技创新呈现出新的发展态势和特征，新技术替代旧技术、智能型技术替代劳动密集型技术趋势明显。全球经济分化严重，发达国家多陷入"日本病"，主要特征是经济陷入长期低迷，货币政策陷入流动性陷阱，政府债务规模急剧膨胀，财政扩张能力受限，人口老龄化程度加深。新兴经济体同时又集体进入调整期，出现了资金外流、通货膨胀、经济增速回落的现象。

围绕全球治理体系的竞争日趋激烈，各国都在加快调整发展模式，重塑和发展具有比较优势的产业，纷纷试图抢占经济制高点和全球话语权。作为一个世界经济大国，特别基本确立制造业大国地位的国家，在向强国迈进的历史起点上，未来发展的理念和改革的重点方向是什么？ 2015年11月，习近平总书记在中央财经领导小组会议上提出：在适度扩大总需求的同时，着力加强供给侧结构性改革，着力提高供给体系质量和效率。在之后举行的 APEC 会议上，习近平发表演讲时表示：必须下决心在推进经济结构性改革方面做更大努力，使供给体系更适应需求结构的变化。

1. 供给侧改革到底改什么？

究竟什么是供给侧改革？我们都知道，投资、消费、出口是从需求侧拉动经济的三驾马车，从很大程度上决定了经济短期增长率。那么与需求侧对应，供给侧主要是劳动力、土地、资本、创新四大要素，从很大程度上决定了经济中长期增长速度和质量。因此，供给侧结构性改革的主要目标就是政府希望通过调整经济结构，使劳动力、土地、资本、创新等要素实现最优配置，提升经济增长的质量和数量。

供给侧结构性改革不是全面性改革，而是重要或关键性领域改革，是牵一发而动全身的重大改革。今天，我国经济既面临重大的结构性矛盾，也面临重大的体制性矛盾，这些矛盾主要发生在供给侧，许多需求侧的问题也是源于供给体制的不合理、不完善。

供给侧结构性改革就是把结构性改革聚焦在供给侧，聚焦在一些重大供给体制上，结合中国的实际情况，从提高供给质量出发，用改革的办法推进结构调整，矫正要素配置扭曲，扩大有效供给，提高供给结构对需求变化的适应性和灵活性，提高全要素生产率，正如国务院办公厅《关于开展消费品工业"三品"专项行动营造良好市场环境的若干意见》（国办发〔2016〕40 号）中明确指出：按照"五位一体"总体布局和"四个全面"战略布局，牢固树立和贯彻落实创新、协调、绿色、开放、共享的发展理念，以市场为导向，以创新为动力，以企业为主体，以实施增品种、提品质、创品牌的"三品"战略为抓手，改善营商环境，从供给侧和需求侧两端发力，着力提高消费品有效供给能力和水平，更好满足人民群众消费升级的需要，实现消费品工业更加稳定、更有效益、更可持续的发展。

2. 供给侧改革如何改？

制造业作为供给侧结构性改革的着力点和主战场，必须把握其因——全球消费侧的需求在变化，推进供给侧满足需求侧的方式必须随之发生变化。当前，人民生活水平的提升、物质的丰富，个性化、定制化、可追溯、安全性成为消费的总趋势。而传统的以需求侧为导向的经济增长，过多依赖投资、消费、出口"三驾马车"特别是投资来拉动，旧动力的减弱导致需求侧管理所产生的副作用正日渐明显。

2008 年全球金融危机之后，美国、欧洲经济持续衰退，外需一路下滑，已不能对中国经济形成重要支撑。由于存在诸多结构性问题，中国经济也进入了下行的通道，增长速度从此前的两位数下降为个位数。所以供给侧必须首先改革自身，为适应这一变化，迫切需要改善供给侧环境、优化供给侧机制，通过改革制度供给，大力激发微观经济主体活力，增强我国经济长期稳定发展的新动力。

制造业供给侧首先要从"我给你什么，你就只能用什么"的供给商品模式，转向以潜在需求为导向，通过创新提供个性化的产品的品种模式转化，达到"释放新需求，创造新供给"之目的。实施制造业供给侧的结构性改革，实际上就是要从粗放的"供给满足需求"向"供给创造需求"转化。正如 2015 年中央经济工作会议提出，着力加强结构性改革，在适度扩大总需求的同时，去产能、去库存、去杠杆、降成本、补短板，提高供给体系质量和效率，提高投资有效性，加快培育新的发展动能，改造提升传统比较优势，增强持续增长动力，推动我国社会生产力水平整体改善，努力实现"十三五"时期经济社会发展的良好开局。

今天，我国制造业产能过剩是不争的事实，与房地产相关的钢铁、水泥、玻璃等产能过剩，还有大量的加工制造工厂，没有了外贸的订单，失去了加工的需求，生产能力严重过剩，更是亟待解决的去产能问题。而制造业的去产能要着眼于加大结构性改革力度，矫正要素配置扭曲，扩大有效供给，提高供给结构适应性和灵活性，提高全要素生产率。要补上科技创新进步的短板，解决创新能力不强，创新活力不足，科技研发投入偏低，科技成果转化缓慢，高新技术产业规模较小等问题，本质上需要工匠精神的回归。制造业要以标准严格控制品质，以创新精神扩充品种，重塑和培育中国品牌。

3. 增品种、提品质、树品牌的三品建设

供给侧结构性改革为制造业转型升级奠定了基础，指明了方向，我们需要加快从"中国加工制造"向"中国自主创造"的改革转型。要实现这一结构性的改革，我国制造业必须进行脱胎换骨的改革。抓住制约消费品工业提质增效、创造品牌、转型升级的关键问题，支持企业开发适应市场需求、满足消费升级需要的产品和服务，提高供给质量和效率。一是要改革传统的购买技术、购买设计、来料加工、来样制作、按图索骥的生产管理模式；二是要改革简单的扩大生产、以量为核心的生产目标；三是要改革资金的投入方式，从而以创新引领企业发展。

推动供给体系和供给结构的改善，需要制造企业建立符合这一改革的现代企业制度。我们都知道，现代企业制度核心三要素是资本运作、品牌

塑造和营销渠道。其中重中之重是品牌塑造，没有品牌，资本运作和营销渠道的建设就无从谈起，当今世界上像苹果、飞利浦、华为、联想等国际企业无一不是以品牌带动资本的汇集和渠道的建立，而这些品牌的塑造关键则有赖于产品的影响力和消费者的忠诚度，这就需要靠产品品种和品质来保障。

2016 年 5 月 11 日，国务院常务会议提出了"品质革命"，这是中国政府在消费品领域发力供给侧结构性改革又一重要举措。强调要坚持创新引领、协调发展，发挥创新在消费品提质升级中的引领作用，健全创新激励机制，支持企业加大研发设计投入，加强产学研用结合，加快创新成果转化。其定位十分精准，旨在推动工匠精神"落地生根""开花结果"，从而催生出更多的"中国精品"，彻底改变"中国制造"形象。

（1）增品种

如何才能够从供给侧角度提供大批量、多品种、适应消费需求的产品呢？关键是创新，研究挖掘消费者的未来需求趋势，如生活行为、购物模式、娱乐方式等等，从中找出新产品、新品种的创造点。支持企业深度挖掘用户需求，适应和引领消费升级趋势，在产品开发、外观设计、产品包装、市场营销等方面加强创新，积极开展个性化定制、柔性化生产，丰富和细化消费品种类，推动中国制造向中国创造转变。在消费品行业建设一批国家级工业设计中心，推广应用"众包"等新型创意设计组织方式，培育一批网络化创新设计平台。提高创意设计水平，跨界组织相关的科学技术专家、文化艺术大师、社会经济学者开展研究和分析，促进文化创意与"三品"融合发展，提高消费品的文化附加值。集成科学、技术、工艺、材料、艺术、社会等各方面的知识，推出一批科技含量高、附加值高、设计精美、制作精细、性能优越的精品，进一步提升我国消费品工业在全球产业价值链中的地位。从而增加品种、引导消费。

幻响神州共振音响产品的成功就在于此。幻响神州（北京）科技有限公司成立于 2006 年，是一家以高科技创意商品工业设计、技术创新为主的高新技术企业，幻响神州集创意设计、研发、生产、销售和服务为一体，目标是做中国最有创意的数码产品厂商，他们瞄准市场潜在需求，不断研发设计引领消费的新产品，涵盖共振音箱、便携音箱、移动电源、蓝牙耳机、空气净化器、智能穿戴设备、物联网应用技术平台等领域。

历经近 10 年发展，幻响神州一直以前瞻性的挖掘潜在需求，设计工业创意产品，引导消费发展为己任，产品定位为——创新、实用、创意、新奇、质优。从成立之初的一款产品——利用稀土合金制造的高磁密度的磁体设计开发的"共振音箱"到现在的上百款产品。公司研发设计的每年一款的生肖便携音响，已成为收藏者的追求，2015 年的"羊羊"音响还受到了李克强总理的赞誉。幻响神州的产品系列已逐渐成为中关村的风向标，企业也成为国内工业数码产品的品牌企业。

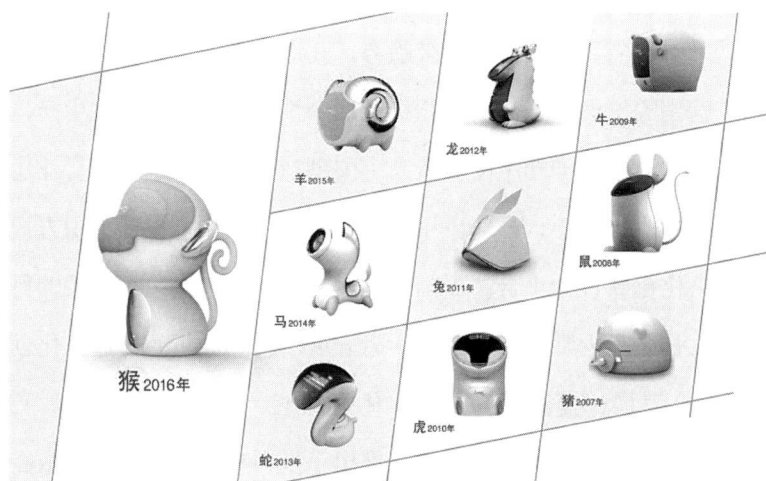

幻响神州生肖便携音响

（2）提品质

当前我国供给的矛盾不是量不够，而是质不足。只有优质的国内供给才能适应需求，而优质的供给来源于质量的提升。要培育和弘扬精益求精的工匠精神，引导企业树立质量为先、信誉至上的经营理念，立足大众消费品生产推进"品质革命"，走以质取胜、质量强国的发展道路，推动中国制造加快走向精品制造，赢得大市场。提升我国的产品品质，强化国际影响力，需要加强质量精准化管理。要引导企业深入开展全面质量管理，加强从原料采购到生产销售全流程质量管控，开展自动化、智能化工厂技术改造，推广工艺参数及质量在线监控系统，提高产品性能稳定性及质量一致性。这是目前中国经济供给侧结构性改革的目标和趋势。

2008 年 5 月，四川汶川地震发生后，由于气候原因，卫星一时无法穿越厚厚的云层拍摄到灾区实景画面，天气因素和地震导致的地形改变，也使直升飞机无法进行低空航拍，困扰了灾区深部的救援工作。在抗震救灾最危急的关头，一款"防灾安全"无人机发挥了重要作用。

当时，这款无人机的生产企业观典航空第一时间赶到地震一线，在历时 10 天的时间里，累计飞行里程 3000 公里，覆盖面积 1000 平方公里，获取了高分辨率遥感影像 1.6 万张，并首家识别出唐家山堰塞湖，飞行数据每日呈报抗震救灾总指挥部，为抗震救灾的指挥和决策提供了大量实时实景信息。

观典的成功与企业 10 余年来秉持精益求精的工匠精神，始终坚持自主创新，不断提升"无人机"的质量水平是分不开的。首先是严格设计标准，每种型号的飞机设计都要制定出严谨的工艺标准，选择的配件都必须是国际领先的材料和设备。二是每架飞机的生产制造下线都要经过上万小时的飞行检验，对出现的问题要经过专家的分析，细节的改进，在确保万无一失的情况下，才能投入实战。为突破小型无人机飞行高度的极限，观典航空发明了双发动机推进系统，经过近百次的试验和不断改进，这款无人机还首破海拔5000多米的世界屋脊小型无人机飞行禁区的神话。2010年4月，玉树地震发生后，就是观典的"防灾安全"小型无人机成功在海拔4000米的灾区130平方公里的范围内，发现了居住区32处，锁定需救援的重点目标16个，并科学提供了关于地面搜救路线的规划建议，再一次出色完成了抗震救灾勘测任务。不断地研发创新和精益求精的制造，使得观典航空设计生产的"防灾安全"小型无人机成为国家行测、监控的专用无人机。观典航空企业也赢得了"工人先锋号"的荣誉。

"防灾安全"小型无人机在玉树地震灾区起飞

（3）树品牌

品牌是可以给拥有者带来溢价、产生增值的一种无形的资产，它的载体是用于和其他竞争者的产品或劳务相区分的名称、术语、象征、记号或者设计及其组合。丰富的产品品种，可信赖的品质保障，方能铸就长盛不衰、长青不老、百年不倒、粉丝忠诚的知名品牌。

品牌增值的源泉来自于消费者心智中形成的关于其载体的印象，品牌承载的更多是消费者对其产品以及服务的认可，是一种品牌商与顾客购买行为间相互磨合衍生出的产物。要引导企业增强品牌意识，夯实品牌发展基础，提升产品附加值和软实力，推动中国产品向中国品牌转变。随着品牌的做强做大，也不断从低附加值向高附加值升级，向产品开发优势、产品质量优势、文化内涵优势等高层次转变。要通过提高品牌竞争力，鼓励企业围绕研发创新、设计创意、生产制造、质量管理和营销服务全过程制定品牌发展战略，构建管理体系，明确品牌定位，采用合理定价、差异发展等策略，整合渠道资源，提高品牌产品性价比。

如果说同仁堂历经 340 余年的风雨，到今天已经是一棵枝繁叶茂的大树，那么，在传承的基础上不断创新，是同仁堂百年老字号基业长青的根本。1992 年至 2011 年，集团系统共开发新产品 171 个，其中，药品（含仿制）95 个、保健食品 76 个。完成剂型改革、增加规格、药理研究、临床研究等老产品二次科研 108 项。完成了大蜜丸自动化包装技术、小丸机制法一次成型技术、近红外在线质量控制技术等 6 项重大技术创新。获得专利授权 130 件，其中，获得发明专利授权 35 件。

强质量就是同仁堂的成长之基，创建于 1669 年（清康熙八年）的北京同仁堂，自 1723 年开始供奉御药，历经八代皇帝共 188 年。在 300 多年的风雨历程中，生产的中成药质量稳定，疗效显著。正是历代同仁堂人一直恪守"炮制虽繁必不敢省人工，品味虽贵必不敢减物力"的古训，将质量作为管理的重中之重，始终树立"修合无人见，存心有天知"的自律意识，造就了制药过程中兢兢业业、精益求精的严细精神。如"安宫牛黄丸"中的"去毛黄连"，要一根一根地刮去须根。同仁堂始终认为"诚实守信"是对一个企业最基本的职业道德要求，讲信誉是商业行为最根本的准则。精湛的工艺技术、卓越的产品品质、富于创造的品种系列、深厚的文化底蕴，这正是品牌大国所需厚植的根基。它也使同仁堂的品牌含金量越来越高，成为全国中药行业著名的老字号。

同仁堂的当家名药

供给侧结构性改革，促进制造业转型升级，关键是要以自主创造来丰富引领消费需求的产品品种，以精益求精、严守标准的工作态度来保障产品的品质，从而培育一批具有国际影响力、消费者认同的知名品牌，助推中国制造由大转强。

三、以精益求精的匠心重塑中国制造新形象

何谓工匠精神，虽然不同领域的人对工匠精神有不同的理解和解释。但在制造领域，大部分人会将工匠精神首先归于生产一线的劳动者对自己生产的产品精雕细琢、精益求精，追求极致的精神理念。

当前，我国制造业正处于深入推进转型升级的关键时期，劳动者岗位需求与技能素养之间的结构性矛盾日益突出，加之我国社会上长期以来存在着人才培育理念的偏差，重学历、轻技能的观念还未从根本上扭转，普通人在进行教育和职业规划时主动选择技能学习和工作的积极性不高。

所以，我们当务之急在于不仅要培养大批具备一技之长的劳动者，同时还要推动工匠精神成为时代共识，使劳动光荣、创造伟大成为铿锵的时代强音，真正引领"中国制造"更快地走向"优质制造""精品制造"。

实施供给侧结构性改革，把实业做实、把产品做专、把质量做精、把品牌做强，实现"中国制造"向"中国创造"转轨，必然需要中国劳动者弘扬工匠精神，在技术、工艺、创新等方面不断取得突破。

目前，中国已有了一批典范企业，凭借工匠精神，实现了从"追赶者"到"引领者"，从"徒弟"到"师傅"的转变，铸就了享誉海内外的品质和品牌，向世界代言中国制造新形象。2015年6月，由中国南车与中国北车重组合并而成的中国中车集团正式成立，成为全球最大轨道交通装备制造企业，这将推动在国际上重塑我国高端装备的新形象，也为供给侧结构性改革背景下的国企改革提供了可复制的样本，有利于我国高铁的标准输出和品牌传播，同时也避免了重复研发和恶性竞争，可以整合资源共同攻关重大项目。

世界领先的中国制造——高铁

1964年，日本东海道新干线东京站，随着0系"光"号列车的启动，世界上第一条高速铁路诞生了，改变了传统"铁路已是夕阳产业"的悲观论调。10多年前，中国还曾向世界各制造强国学习高铁技术，当时世界领先的主要高铁制造企业，如法国阿尔斯通、日本川崎重工、加拿大庞巴迪、德国西门子等都曾留下中国高铁工程师的身影。但是随着 2007 年铁路大提速动车组亮相，2008 年开通时速 350 公里的京津城际铁路，再到今天国内高铁网络初具规模，国际竞争初占鳌头，中国高铁的发展速度，为世人所惊叹。那么，到底是什么使中国高铁在短短数年间就完成了破茧成蝶般的涅槃？

古语有云："玉不琢，不成器"。高铁人凭借工匠精神，建立了精心打造、精工制作的理念和追求。更为可贵是，高铁人从一开始就坚持不断吸收前沿技术，不论遇到多大的困难，都顽强地保持着自主产品开发和自主创新的进取精神，实现了从"引进技术—中国制造—中国创造"的跨越。

目前，承载工匠精神的中国高铁，项目硕果累累，海外合作渐入佳境，使世界人民重新认识了"中国制造"的新形象。中国与印尼合作建设的雅万高铁项目已开工建设，中老铁路项目已进入实施阶段。未来，中国还将推进更多的海外铁路基础建设项目，包括俄罗斯莫斯科—喀山高铁、美国西部快线、马来西亚—新加坡高铁等。从技术引进到技术输出，中国高铁跨越发展的背后，完美诠释了中国高铁技术进步、工艺极致、自主创新的精神。而这也是中国制造业供给侧结构性改革的方向和目标。

在中国，类似的企业还有很多，如华为、京东方等。他们成功的共同点是，在产品品种的开发上并没有以基于对已有市场需求的规模化生产为导向，简单提供满足消费需求，而是通过自主研发满足消费者潜在需求的产品，引领消费需求。

成立于 2010 年 4 月的小米公司，是一家专注于高端智能手机、互联网电视以及智能家居生态链建设的创新型科技企业。小米负责品牌、设计、研发和营销、市场，由富士康、闻泰、宏达电等厂商进行代加工制造。小米运用互联网模式做手机，颠覆了传统工业思维下的企业游戏规则和成本结构，重构了移动互联网时代的制造业和价值链，主动邀请消费者参与到从创意、设计、生产到销售的整个价值链创造中来。

小米做手机实际上整合了 MIUI、米聊、金山、猎豹软件，手机、平板电脑、电视、电视盒子、路由器等硬件，以及小米网站商城社区、多玩游戏、在线视频、拉卡拉支付等互联网应用，形成了软硬件与互联高度结合的一体化模式。截至 2014 年年底，小米公司旗下生态链企业已达 22 家，其中紫米科技的小米移动电源、华米科技的小米手环、智米科技的小米空气净化器、加一联创的小米活塞耳机等产品均在短时间内迅速成为影响整个中国消费电子市场的明星产品。从现状来看，无论从产品的出货量，还是资本市场的青睐度，品牌的知名度，小米无疑是非常成功的。

中国自主创新设计的小米系列产品

从上述制造企业的成长、发展、转型的案例，我们可以看出，为实现品质革命的目标，制造者首先要用心、尽心地观察、挖掘需求。用心就是加强调查研究，探索前瞻性、战略性的问题，发现使用者的消费需求；尽心就是要根据潜在需求，去设计、开发可用、好用、具有市场潜力的产品品种；其次，还需要精心、专心地去加工制造。精心就是以精益求精的工作态度，发挥工艺制造技术、加工装备之能力，加工高品质、质量优的产品；专心就是心无旁念，全心全意于创造之中；然后，还要耐心、细心地去研究。耐心就是耐得住寂寞，十年磨一剑，通过高品质的产品和服务塑造品牌。细心则是讲究"认真"二字，杜绝"差不多"心态，不符合要求绝不妥协。

为了推进品质革命，增强持续增长动力，鼓励企业开展个性化定制、柔性化生产，培育精益求精的工匠精神在一定程度上也可以看成"精品制造"＋"自主创新"，而这也正是实现中国制造形象转变的有效路径。

第六章

工匠精神与创新创业

　　在现代经济进入新常态的大背景下，创新驱动已经成为我国经济发展不可忽视的内在要求和关键因素，如何依托创新提质增效？如何借力创新转型升级？不仅考验"纷繁世事多元应"的运筹智慧，检验"击鼓催征稳驭舟"的能力，更需要"百尺竿头更进一步"的精神，来驱动创新发展。

　　我们经常看到，许多人高谈阔论创新创业，把创新、点子看作是成功的敲门砖，却又不肯真正认真地去做产品，这种失败是可以预见的。创新创业来不得浮夸，"互联网+"也必须脚踏实地，需要以工匠精神为之添动力、增活力，用可靠的技术和实干的精神来扎扎实实地解决中国经济发展的难题、制造业由大变强的瓶颈，才是创新驱动发展的内在核心和根本保障。唯其如此，我国的创新驱动发展的能力才会得到真正提高，我国制造强国建设的道路才能顺利推进。

一、创新发展是国运所系

　　创新发展，是发展形势所迫，是国际竞争大势所趋，是中华民族复兴的国运所系。创新驱动发展是相对于生产要素驱动发展而言的。我国长期以来主要依赖劳动力、土地、资本、自然环境等生产要素进行配置、消耗和整合发展经济，这种经济发展方式在发展初期取得了一定成效，但是随着发展速度的加快，很难长久维持，同时弊端逐渐显现。

　　世界发达水平人口全部加起来是 10 亿人左右，假如我国 13 亿人口全部进入现代化，那就意味着世界发达水平人口要翻一番还要多。如果所有人以现有消耗资源的方式来生产和生活，全球现有资源根本无法支撑得住，那么我们发展的新路在哪里？ 2012 年 11 月，党的十八大报告明确了实施创新驱动战略，强调科技创新是提高社会生产力和综合国力的战略支撑，必须摆在国家发展全局的核心位置。这是我们党放眼世界、立足全局、面向未来作出的重大战略决策。

1. 创新：经济持续发展的"金钥匙"

2015年，习近平总书记在华东七省市党委主要负责同志座谈会上的讲话中提出：综合国力竞争说到底是创新的竞争。要深入实施创新驱动发展战略，推动科技创新、产业创新、企业创新、市场创新、产品创新、业态创新、管理创新等，加快形成以创新为主要引领和支撑的经济体系和发展模式。

用创新驱动代替生产要素驱动是经济持续发展的"金钥匙"，因为创新是各个生产要素的整合，从而避免了单一生产要素的消耗，实现了各生产要素的可持续发展。而且创新本身是可再生资源，创新一旦成为发展的原动力，就会源源不断地发展壮大。同时，创新还可以产生高附加值，由创新转化的生产力呈现级数效应，相对于生产要素的加数效应和乘数效应，具备超乎预测的放大功能。创新驱动发展就是依赖创新，使生产要素高度整合、集聚、可持续地创造财富，从而驱动经济社会健康、稳步地向前发展。

如果说我国改革开放的历程是一部厚重的辉煌史诗，那么科技事业的发展则是其中荡气回肠的一章。30多年前，邓小平同志就提出了"科学技术是第一生产力"，而后从"科教兴国"到"建设创新型国家"，从"自主创新"到"创新驱动发展"，我们不难发现，创新对中国而言不仅是时代的选择，更是历史的传承。在2016年5月30日的全国科技创新大会上习近平也提出，到2020年时使我国进入创新型国家行列，到2030年时使我国进入创新型国家前列，到新中国成立100年时使我国成为世界科技强国。习近平指出，不创新不行，创新慢了也不行。如果我们不识变、不应变、不求变，就可能陷入战略被动，错失发展机遇，甚至错过整整一个时代。

根据 2014 年发布的《二十国集团国家创新竞争力发展报告（2013—2014)》，在 G20 成员国中，中国的国家创新竞争力已经开始获得认可，在 G20 中排名第 8 位，成为唯一进入前 10 名的发展中国家，美国、日本、德国位列前三。作为发展中国家中排名最高的国家，说明我国创新发展取得了一定的成效。几十年来特别是近 10 年来，我们在基础研究领域捷报频传，杰出人才、重大成果不断涌现。科技创新更强有力地支撑着产业升级，形成新的产能、新的动能。战略高技术更加贴近民生，进入市场。区域创新更加活跃，形成了创新创业的生态。

在航天领域，我国相继掌握了卫星回收和一箭多星等高端技术，自主研发的"神舟"系列航天飞船，特别是载人航天飞行的圆满成功，实现了里程碑式的突破。"嫦娥"一号成功探月之旅则标志着我国首次月球探测工程圆满成功，中国航天成功跨入深空探测的新领域。

在高端装备制造领域，自主研发的新一代高速铁路技术世界领先，高铁总里程达 1.9 万公里，占世界总量 55% 以上；新能源汽车年产销均超 30 万辆，居世界第一。蛟龙号载人深潜器创造世界同类潜水器最大下潜深度纪录，带动海洋资源勘探技术和装备实现跨越发展。国产大型客机 C919 正式下线，摘下了这颗"工业皇冠上的明珠"。

在信息技术领域，银河系列巨型计算机研制成功，量子信息领域避错码被国际公认为量子信息领域最令人激动的成果，纳米电子学超高密度信息存储研究获突破性进展，6000 米自制水下机器人完成洋底调查任务，每秒峰值运算速度 10 万亿次的高性能计算机曙光 4000A 系统正式启用，首款 64 位高性能通用 CPU 芯片问世。TD—LTE 完整产业链基本形成，4G 用户数超过 2.7 亿。

在生物科学领域，解决了亿万人吃饭问题的杂交水稻技术取得重大突破，首次完成水稻基因图谱的绘制，完成人类基因组计划的1%基因绘制图，首次定位和克隆了神经性高频耳聋基因、乳光牙本质Ⅱ型、汉孔角化症等遗传病的致病基因，体细胞克隆羊、转基因试管牛以及重大疾病的基因测序和诊断治疗技术均取得突破性进展。

此外，三峡工程成功完成，水库蓄水成功、永久船闸通航、首批发电机组全部投产，许多指标都突破了世界水利工程的纪录；青藏铁路全线通车，成功解决冻土施工的世界性难题；秦山核电站、大亚湾核电站成功建成并投入使用；材料科学、工程技术科学、地球系统科学、原子能技术、高能物理等各个新老学科均涌现出了一批较有影响、意义深远的重大成果。

2015年3月，《中共中央国务院关于深化体制机制改革加快实施创新驱动发展战略的若干意见》发布，确立了到2020年，基本形成适应创新驱动发展要求的制度环境和政策法律体系，为进入创新型国家行列提供有力保障的主要目标，同时出台的还有《国务院办公厅关于发展众创空间推进大众创新创业的指导意见》，在神州大地翻开了大众创业、万众创新的新篇章。

由此可见，无论从国家层面还是产业层面、企业层面还是个人层面，贯彻创新驱动发展战略都有着深远的重要意义，既关系到个人、产业甚至整个制造业的未来发展，从一定程度上也决定着中华民族的前途命运。我国制造业应该敏锐把握世界科技创新发展趋势，紧紧抓住新一轮科技革命和产业变革的机遇，以实施创新驱动发展为己任，进一步解放思想，打通从技术强到产业强、经济强、国家强的通道，为国家强盛、民族复兴提供有力的科技支撑和动力源泉。

2. 创新创业正当时

个人是我们社会结构体中最基本的细胞，也是社会创新的基础。正如诺贝尔奖获得者费尔普斯在其《大繁荣》中所说，一个社会的兴盛繁荣取决于这个社会民众是否有参与创造、探索和迎接挑战的愿望。大多数创新并非少数科学家、发明家所带来的，而是由千百万普通人共同推动，正是这种大众参与的创新带来了繁荣兴盛。

意念控制假肢、聋哑人"开口"说话、安全衣自动报警……这些如同科幻电影未来世界才存在的神奇发明，在现实世界里被一个 90 后的年轻人发明了出来。

这个年轻人名叫张江杰，从小学到初中，张江杰先后发明了"海陆空多栖玩具""电子蜡烛"等小玩意儿，这也让他信心倍增，越战越勇。上了高中之后，张江杰提出要休学回家专门搞研究，开公司。此后，张江杰先后发明了森林防火系统，地震生命探测机器人，刀枪不入的智能衣服等产品，接二连三拿到大奖，成立的长沙市崛起电子科技有限公司年年盈利。

2014 年，张江杰发明出了一套"脑电波控制假肢系统"，并在当年 5 月举办的第 113 届巴黎国际发明展上，凭此发明获得了金奖。2015 年张江杰又和团队成员耗时数月，研发出了一种"哑语转换系统"，可以帮助特殊人群"开口"说话，让他们与正常人之间零障碍交流。这套系统通过连接一个打火机大小的 3D 扫描仪器，将聋哑人的手语扫描到系统里，实时翻译成多国语音，而且系统处理速度非常迅速，不论手语打得有多快，它都可将其准确翻译成语音，而且根据手语的幅度和速度，语调也会有所不同，还带有情感。张江杰携此发明参加了 2015 年的第 114 届巴黎国际发明展览会，并再一次荣获了金奖！仅半月之后，就有法国经销商订购了 1000 套哑语转换系统，法国当地的大学、电信公司也都有了合作意向。

如今，张江杰已经拥有 10 多项科研发明专利，且多是以挽救生命为出发点的科研成果，21 岁的他也因此被誉为"中国最牛创客"！

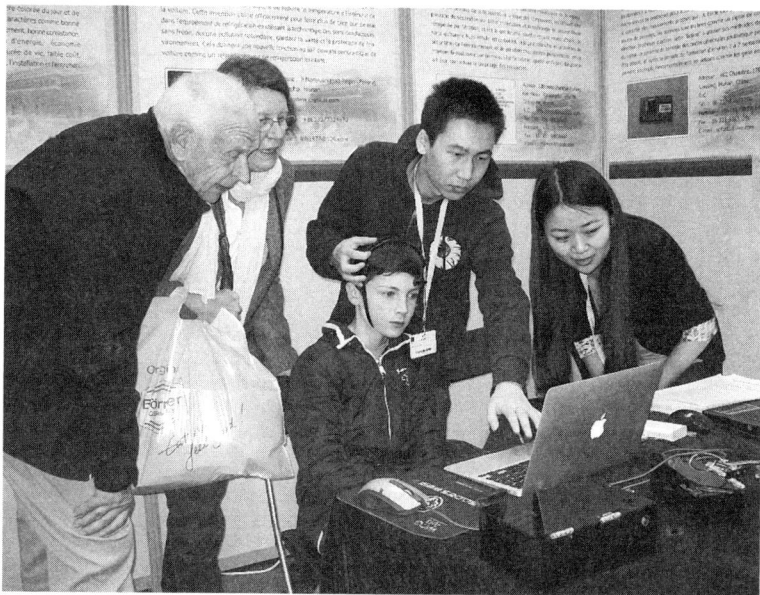

张江杰演示"脑电波控制假肢系统"

如果说目前我国个人创新大多依托于技术上的发明创造，企业创新的内涵则要更为丰富。按照管理大师熊彼特的理论，创新是生产要素的重新组合，包括 5 个方面的内容：一是引进一种新产品，二是采用新的生产方式，三是开辟新的市场，四是开辟和利用新的原材料，五是采用新的组织形式。同时，创新还应包括观念和思维的创新等。纵观现代企业，唯有不断创新，才能在竞争中处于主动，立于不败之地。许多企业之所以失败，就是因为他们未能真正做到这一点。

20 世纪初期，福特以黑色经典款式轿车独领汽车工业风骚数十载，但随着时代变迁，汽车消费者的需求在不知不觉中发生了变化，人们希望有更多的品种、更新的款式、更加节能的轿车。而福特汽车公司的产品，不仅颜色单调、而且耗油量大、废气排放量大，特别是已经不符合日益紧张的石油供应和日趋严重的环境保护需求。此时，通用汽车公司等几家汽车公司则看到了这一市场变化，紧扣市场脉搏，制定出正确的战略规划，生产节能省耗、小型轻便、款式新颖的汽车，在 20 世纪 70 年代的石油危机中，不仅后来居上，甚至一度逼得福特汽车公司濒临破产。福特公司前总裁亨利·福特因此发出了"不创新，就灭亡"的感叹。

2013 年 2 月份，奥巴马政府承认新能源汽车规划已经失败，美国电动汽车制造商因此纷纷倒闭或陷入困境。然而，特斯拉却凭借 IT 和传统工业设计的完美创新集合，以销售业绩和股价双重优势成功逆袭美国新能源汽车市场。特斯拉在乔布斯开创的 iphone 销售奇迹即将褪色之际，成功地接过了美国创新精神的接力棒，有望成为像苹果一样，引发所在行业一场颠覆性的革命。2015 年，《福布斯》公布的全球最具创新力企业榜中，特斯拉以 52% 的 12 个月销售额增长率和 84.82% 的创新溢价问鼎榜首。2016 年 4 月 1 日，特斯拉公司正式发布 Model 3 特斯拉新车。之后不到一个月，Model 3 的预订量已经达到了 40 万，粉丝们纷纷表示即使是要再等三年，也心甘情愿掏钱耐心等待，这也让我们感受到了创新的巨大力量。

Model 3 特斯拉新车

对于中国制造企业来说，创新同样是我们摆脱山寨式发展，迈向更高阶段的重要途径。手机是移动互联网时代每个人的必需品，曾几何时，国产手机总是和贴牌、山寨、堆硬件、拼参数等词汇联系到一起，同质化非常严重，基本上谈不上设计感和美感，导致民众对国产手机信心并不是很高，大部分人在购买手机的时候，都会首选苹果或三星等国际品牌。但近两年来，国产手机发展有了很大的突破，而华为手机无疑是其中最突出的代表。

2016 年 4 月，华为 P9 手机在伦敦进行全球首发，售价高达 599 欧元，和同期发售的苹果 iPhone SE 以及三星 Galaxy 相差无几。华为之所以能够在手机中高端市场取得突破，技术上的自主创新无疑是关键性因素。数年磨一剑，华为成功在中高端智能手机市场获得了芯片自主权，成为和三星、苹果一样具备手机处理器自主研发能力的极少数厂商之一，目前华为旗舰机型上全部采用的是海思半导体出品的麒麟处理器。不仅仅是华为，国产厂商在全球手机市场上越来越有底气直面与三星、苹果进行竞争，同样得益于他们在技术创新上的"敢为天下先"的进取意识。以OPPO为例，截至2015年10月，其在国家知识产权局公开可查的专利申请共5276件，已经获得的授权专利共1349件。

利用创新走向高端，走向世界，价格逐渐提升还备受热捧，国产手机正走出了一条创新驱动的发展之路。

华为P9手机

从更高的层面看，创新还是推动国家持续发展的不竭动力。在创新驱动、转型发展的今天，经济发展从"制造"到"智造""质造"，深化改革向"供给侧"发力，都离不开创新实践。"中国制造2025"战略的提出，不仅是国内产业结构转型升级的需要，也承载着中国从制造大国迈向制造强国的民族复兴使命。

东北地区曾经是中国重工业发源地，被誉为"共和国长子"。而如今的东北地区，却面临经济增速严重下滑、经济结构失衡、部分城市资源走向枯竭、人口增长几近停滞、高技术人才不断外流等多重困境。如何用创新理念开拓东北振兴新路子，实现新常态下东北经济的新突破，成为摆在东三省面前的首要任务。对此，习近平总书记指出，"振兴东北老工业基地，要向高新技术成果产业化要发展，要向选好用好各方面人才要发展。"

机器人产业，是制造业未来发展的重点。伴随劳动力结构性短缺以及劳动力成本的急剧上升，我国劳动力红利时代即将结束，再加上工业化进入到后期，必然带来自动化、智能化的要求，而且用户对产品质量一致性和品质可靠性的要求变得极为迫切。哈尔滨工业大学机器人技术在国内一直处于领先地位。我国第一台弧焊机器人、第一台爬臂机器人、第一台空间机器人等众多国内机器人领域的第一，都诞生在哈尔滨工业大学，30年来哈工大在机器人领域积累了300多项发明专利和核心技术。

为推动哈工大技术及人才优势转化为产业优势，加快推进黑龙江省机器人及智能装备产业发展，黑龙江省提出以机器人和智能装备产业为依托，到2020年实现高新技术产业增加值占GDP比重达到10%的发展目标。2014年12月，省政府、哈尔滨市政府和哈尔滨工业大学共同组建了哈工大机器人集团。仅一年半时间，集团就吸引各类人才1200余人；2015年营业收入突破3亿元；并与瑞典利拉伐集团、瑞士HOCOMA AG公司等签署战略合作协议，在技术、产品、市场等领域展开合作。

从面向航空航天、核电、船舶等行业系统的装配、焊接等尖端数字化设备，到餐饮、迎宾等商业、生活服务机器人，哈工大机器人集团（HRG）一直紧盯市场，围绕机器人和智能装备领域，将各类与机器人相关的优秀技术有效整合，促进技术向产品转化、产品向商品转化。

哈工大机器人集团的工业机器人产品

二、创新是工匠精神不懈的追求

我国古代科技名著《考工记》里的一段文字:"知者创物,巧者述之守之,世谓之工。百工之事,皆圣人之作也。"在这句话中的"知"通"智","知者"就是研究者、创造者,"巧者"就是制造者,也就是工匠。这句话准确地说明了普通工匠和真正的大师之间最重要的差别,工匠擅长于重复和复制,真正的大师则善于创新求变。

在任何的时代和国家,总有些人能够突破自身和时代的限制,勇于创新,完成向大师的蜕变。重复是创新的土壤,创新就寓于繁琐单调的工作之中。所以,工匠精神从不意味着因循守旧,它是在传承基础上追求卓越和勇于创新的过程,实际上可以看成是传承与创新的并存。

1. 百尺竿头更进一步的古代工匠

有人认为,在中国传统文化背景下,创新和工匠之间的关系并不密切，一些学者在谈到中国"工匠文化"和"匠人心态"时，认为在我国古代严格的师徒传承体系下，学徒在师傅的指导下，小心翼翼、按图索骥、照章办事，加之中国社会固有的封建性和保守性，禁锢了很多人的思想和天性，在此基础上形成了普遍的"匠人心态"，重视承袭前人，但创造意识薄弱，不敢超越，不敢反叛，从而窒息了创造的灵气。但实际上，我国古代工匠的创造奇迹不断涌现，不仅仅是工匠们的经验结晶，更大程度是依靠工匠精神提供动力与支持。

中国古代工匠的代表，人们最先想到的肯定就是鲁班了，他不仅是一位出色的工匠，更是一位杰出的为后世所敬仰的，创造发明家，被称为"机械之圣"。

鲁班生活的时代距今 2000 多年，正处于楚越争霸的时期。鲁班发明了一些非常实用的武器，比如钩拒。钩拒是一种舟战工具，当敌船后退时能将其钩住，敌船进攻时又能进行阻挡，使己方处于能攻能守的状态，非常有威力。云梯则是鲁班为楚国改进

鲁班画像

的一种攻城武器，云梯底部装有车轮，可以自由移动，梯身可以自由升降，梯顶端有钩用以钩援城缘，云梯还能够依云而立，以瞰敌之城中。而我们今天消防和抢险中所经常使用的云梯，便是在古代云梯的基础上改进演变而来的。

　　鲁班在长期的木工实践中，还非常注重对于客观事物的观察与研究，从中得到灵感进行创造发明。相传鲁班便是观察到了草叶的边缘生满锯齿而异常锋利，从而受到启发，并利用更为坚硬牢固的铁片作为材料，制作并发明了世界上第一把锯子，极大地节省了砍树伐木时的工期和劳动强度。而墨斗的发明，也是鲁班在观察到其母裁衣服时用一个小粉袋和一根线打印出大概要裁制的形状，而受到启发创造出来的。

我国古代工匠的工作是集发明、创新、设计、生产于一身，因此创新都是古代工匠秉持精益求精的工匠精神，针对在工作中遇到的实际问题进行的改进和创新，这些创新不仅仅提高了工匠的工作效率，有些甚至对整个社会和人类的发展都起到了推动作用。

　　宋代工匠毕昇生活在雕版印刷的全盛时代，雕版费工、存放不便等缺点使人力、物力和时间都很不经济。他通过长期的亲身实践，在世界上首先创造了活字印刷。据宋代著名科学家沈括的《梦溪笔谈》记载，宋仁宗庆历年间，毕昇用胶泥刻成单字，用火烧硬。先在铁板上敷上松脂、蜡和纸灰，放上铁框，然后排字。满一铁框就置于火上，松蜡稍化，再用平板一压，就可以印书，通常准备两块铁板，互相更替，印刷极为神速。这种方法节省了雕版费用，缩短了出书时间，既经济又方便，在印刷史上是一大革命，影响深远。现在盛行的铅字排印的基本原理和最初毕昇发明活字的排印方法是完全相同的。

尽管在封建社会的大背景下，工匠一直处于被剥削的社会底层，可是在行业中，凡是拥有娴熟技艺、具有行业经验、勇于创新的工匠却一直为劳动人民所推崇和尊敬，"行行出状元"这句话恰恰反映了能工巧匠在老百姓心中的地位，而在较为复杂的技术逐渐取代原有相对简单的技术时，掌握复杂技术的操作者也因此获得较为特殊的社会地位。而且，工匠在传统生产进程中的竞争是非常激烈，只有百尺竿头更进一步，制造出更优质产品，方可争取市场。所以，个人皆有绝招，各地皆有特产，特种工艺辈出，这对中国古代科技的发展史具有划时代意义。

被西方学者赞不绝口、誉为世界窑炉史上一大典范的景德镇窑，是明末清初景德镇制瓷工匠在综合此前使用的各种窑型优点基础上逐步创新而定型的。它具有较高的热利用率，能够同时烧制不同档次的瓷器，而且经1300℃以上高温烧炼，全窑竟然不用一块耐火材料，其对负压及窑外冷空气的利用堪称一绝。沈嘉征《窑民行》诗云："景德产佳瓷，产瓷不产手；工匠来八方，器成天下走。"可见，景德镇瓷业之所以能在当时全国制瓷业中独领风骚，最关键因素不在于景德镇的高岭土，而在于来自八方的产瓷高手。

通过上面的一个个鲜活的实例我们发现，尽管工匠主体在技术创新中存在这样和那样的局限性，但他们依靠自身的摸索创造，迈着永不停息的步伐为我国技术进步与创新勇往直前。

2. 当代工人的重要贡献

在网络上曾经流行过这样一则笑话，某日化企业引进了一条香皂包装生产线，结果发现经常有空盒流过，厂长请一个博士后花了200万设计出了自动分检系统。另一家企业也遇到同样问题，于是工人花了90元买了一个大的电风扇正对着生产线吹风，有空盒经过便会被吹走。这虽然是一则笑话，但它也从侧面说明了一个问题，尽管科学技术的发展日新月异，但工作在第一线的劳动者仍然是我们社会生产中重要的创新力量。

在机械化生产日益发达的今天，流水车间工人机械地重复同一个动作，固然生产效率的提升能够促进经济效益的增长，但是这些产品终究是少了些文化与精神的沉淀和凝练，而今天我们所提倡的工匠精神实际上就是要为制造业注入内涵和底蕴，把蕴藏于工人阶级和广大劳动群众中的无穷创造活力焕发出来，把工人阶级和广大劳动群众智慧和力量凝聚到推动各项事业上来。

2015年劳动节期间，央视新闻频道推出八集系列主题报道《大国工匠》，聚焦8位行业顶级的普通技工，讲述了他们立足岗位、追求卓越的感人故事，从中挖掘我国火箭、高铁、国产大飞机、科考船等领域代表中国制造水准的"国宝级"技工的故事，反映当代中国对传统"匠人精神"的传承与弘扬。透过这些故事我们发现，在追求技艺的完美之余，勇于创新也是这些"大国工匠"的共同特征。

孟剑锋是北京工美集团的一名錾刻工艺师，从业多年来他创作出大量的贵金属工艺摆件作品，得到了同行业的高度认可。孟剑锋技术的广度和深度都达到了行业内极高的水平，但是他并不止步于此，把目标瞄准了高科技新技术，将高科技新技术应用于工艺美术制造业。经过长期不懈自学，他逐渐掌握了奖章模具的绘图与雕刻，为公司模具制造工艺的进步作出了卓越贡献。

2014 年，北京 APEC 会议期间，在国礼中有一件是在金色的果盘里盛放了一块柔软精美的丝巾，看到的人都会情不自禁地伸手去拿，结果没有一个人能抓得起来，原来这块丝巾是用纯银錾刻出来的，而它就出自錾刻工艺师孟剑锋之手。

要錾刻一个精美的图案，第一步要开好錾子，每开一个錾子都是一次创新。在制作丝巾果盘的初期，他反复琢磨、试验，为了突出果盘的粗糙感和丝巾的光感，亲手制作了近 30 把錾子。在这个厚度只有 0.6 毫米的银片上，有无数条细密的经纬线相互交错，在光的折射下才形成了图案。在 3D 打印等高科技逐渐普及的今天，传统工艺美术的发展，越来越需要有更多敢为人先，勇于中流击水的工美匠人，只有通过创新才能赋予传统的工艺以持续的活力。

孟剑锋錾刻的"和美"纯银丝巾

一个个鲜活的实例告诉我们，一线工人是创新的基础，也能大有作为，成就梦想。现代产业工人不能只靠力量，要学会动脑子、勤思考、敢创新，只有通过苦干、实干、巧干才更好地实现自己的价值。无独有偶，2016 年一部反映文物修复的纪录片《我在故宫修文物》经央视和网络传播后迅速走红，与纪录片一起走红的还有主人公——故宫文物修复师。

55 岁的王津师傅是他们的代表，他已经在故宫修复文物 39 年，早八晚五，日复一日，几十年坚持不懈与文物打交道，打磨出深厚扎实的基本功和精益求精的工匠精神。让一件件历经百年，有些甚至是破旧不堪的文物焕然如新，这不仅需要扎实的基本功也需要有勇于创新的精神，因为王津们所面临的工作很多是无先例可循的，传统修复手段所需要的软硬件条件在当下可能也无法满足。

故宫库房待修钟表大多年久失修，破损严重，大多为孤品，没有资料，没有零件，只能自己琢磨。片中，王津师徒修好一组铜镀乡村音乐水法钟，令人印象深刻。铜镀乡村音乐水法钟是乾

王津修复铜镀乡村音乐水法钟

隆皇帝所藏，钟顶是一个"农场"，有房子、有农户，有成群家禽、家畜及模拟流水，各个部件均能活动，构造极复杂。但刚出库房时，这座钟非常残破，零件散落，"能看出，多年前有人修过，但没成功"。"齿轮的咬合，就是几毫米的事儿，差一点都动不了。"修复中，每个自造零件都得和原配件吻合。为自制一个齿轮，王津需要用小细锉慢慢在齿上"找"，以求精确。

相比自己的师傅，创新在亓昊楠身上体现得更加明显，他利用摄像、摄影、多媒体技术等收集修复技术，进行对比分析，形成一套更适用的修复办法。在清洗零件时，他尝试使用国外进口专业药液，引进专业清洗机，代替传统使用的煤油、手工清洗，效果好，又不伤手。此外，亓昊楠经常通过外出考察、交流，找到一些新的材料、技术，冒出一些新点子，修复工作更高效。

三百六十行，行行出状元。任何一名劳动者，要想在百舸争流、千帆竞发的洪流中勇立潮头，在不进则退、不强则弱的竞争中赢得优势，在报效祖国、服务人民的人生中有所作为，都要孜孜不倦学习、勤勉奋发干事。一切劳动者，只要肯学肯干肯钻研，练就一身真本领，掌握一手好技术，就能立足岗位成长成才，就能在劳动中发现广阔的天地，在劳动中体现价值、展现风采、感受快乐。

3.创新，西方工匠精神的核心

由于历史文化原因，中西方对于工匠的理解也存在差异。相较中国，西方社会更重视工匠的创新精神。美国当代最著名的发明家迪恩·卡门曾说："工匠的本质——收集改装可利用的技术来解决问题或创造解决问题的方法从而创造财富，并不仅仅是这个国家的一部分，更是让这个国家生生不息的源泉。"简单来说，任何人只要有好点子并且去努力实现，他就可以被称为工匠。

福奇说："美国的工匠们是一群不拘一格，依靠纯粹的意志和拼搏的劲头，做出了改变世界的发明创新的人。"从中我们可以看出，"发明创新"是西方工匠精神的核心。

在西方，工匠的创新精神伴随着文艺复兴而觉醒并不断传承与发展。在文艺复兴之前，工匠们学习技艺一般要进入作坊，当时工匠们所做的都是迎合购买者兴趣的产品，不停地重复生产相同产品以满足多数购买者的兴趣和大订单的需求，工匠成为生产商品的机器，很少能容纳工匠的个人创造和情感在里面。在师傅眼里的学徒其实都不过是在充当廉价的劳力，师傅传授给学徒的只是制作技法，而无暇顾及创新精神。

文艺复兴时期，工匠的地位有了很大的提升，宗教机构和宫廷贵族为了达到各自的目的给了匠人很大一部分资金资助，有了资金资助的匠人逐渐摆脱贫困，在相对宽裕的生活环境中有独立时间和想象空间发挥自己的个性，展现自己的才能。随着文艺复兴运动的发展和工匠技艺水平的日益提高，他们逐渐不满于自身的工作现状，希望以新的创作方法打破常规。通过不停探索和尝试，加上文艺复兴人文主义理论的熏陶和指引，工匠们开始在绘画等艺术形式中表现自己的个性，这与作坊时代无可奈何的千篇一律形成鲜明的对比，工匠在人本主义的影响下体会到了自身作为独立个体的非凡意义和社会价值，他们将思想、情感、精神和灵魂融入到自己的创作中，伟大的艺术家时代在文艺复兴运动人文主义思潮的影响下到来了，这也奠定了西方工匠精神中重视创新的传统。而工匠们的创新不仅仅可以改变自身的处境，反过来又推动了社会的进步甚至是历史的发展进程。

英国兰开郡有个纺织工詹姆斯·哈格里夫斯，一天晚上回家，开门后不小心一脚踢翻了妻子正在使用的纺纱机，当时他的第一个反应就是赶快把纺纱机扶正。但是当他弯下腰来的时候，却突然愣住了，原来他看到那被踢倒的纺纱机还在转，只是原先横着的纱锭变成直立的了。他猛然想到：如果把几个纱锭都竖着排列，用一个纺轮带动，不就可以一下子纺出更多的纱了吗？哈格里夫斯非常兴奋，马上试着干，第二天他就造出用一个纺轮带动八个竖直纱锭的新纺纱机，功效一下子提高了八倍。1764年制成以他女儿珍妮命名的纺纱机。因此，也有学者戏称影响世界历史进程的英国工业革命，是被一个男子"一脚踢出来"的。

珍妮机

近现代工匠的创新精神的典型是美国的"车库文化"。车库文化起源于20世纪20年代末，在美国经济大萧条时期的堪萨斯城，一位年轻人找了一份在教堂画画的工作，勉强维持生计。因为没有画室，年轻人只能借用父亲的车库。在那里，他与车库里老鼠混熟了，经常给老鼠喂面包。后来，他以这只老鼠为原型，创造了一个动画形象，给它起了一个名字叫米老鼠，还开了一家公司，就是迪士尼。从那以后，世界上许多如雷贯耳的公司，从惠普到苹果，从亚马逊到Google，都诞生在车库里，形成为独特的"车库文化"，成为美国文化的重要一部分。美国"车库文化"的本质是创造和创新，以及对未知世界的好奇和渴望。

4.创新路径的选择

首先，是激励企业创新。支持企业建立研发设计中心和与高校、科研、设计服务机构合作开展自主创新产品的开发、研制。强化品牌意识，树立百年传承思想。不断以创新产品的品种和高品质的制造来延续企业发展。政府要坚决打击侵犯知识产权的违法行为。改革高新技术企业认定标准，高科技企业应授予自主创新企业，而不只是那些现代科技产品的生产加工企业。加工电子、新能源产品的并非就是高科技，生产生活消费品并非是低技术，不以时髦和传统评判企业，而以是否有创新能力来评判。

第二，鼓励基础性研究。为制造企业自主创新提供支撑。大力支持科研院所、设计机构、大专院校开展社会经济、国际趋势、人的生活需求和行为方式研究，开展技术应用研究、生产标准研究、工艺过程研究。作为企业创新产品设计开发的基础，还有要加强人类文化发展的社会科学研究，强化人文、宗教、生产、生活方式的研究。不断挖掘消费者的潜在需求，为制造业企业产品研发设计指明方向，提供咨询。研发设计不同品种的商品，引导消费。

第三，加强科技研发、测试分析、质量监督、服务交易、设计贸易、知识产权、金融服务、中试基地、原型制造等公共服务平台的建设。强化其共用性、公共性，改变现有的机构所有、部门所有带来的服务瓶颈。鼓励平台建设市场化、公用化，让资源社会化，通过"互联网＋"、大数据等信息化平台，形成公共的共用社会服务体系。认真研究、科学建设创新创业产业园区和孵化器。转变传统工业园区和经济开发区的建设模式与理念，即简单的土地开发和房东管理机制。要从创新创业的特点出发，充分认识到运用设计方法的创新制造业是智慧产业，要尊重其规律，产业园区建设应具有"八大要素"：一是专业化的园区运营团队，而不是政府的管委会；二是具有人性化风格的创业空间，而不是"九通一平"的厂房；三是创新设计服务交易市场，而非传统的"科技成果交易中心""技术转移平台"；四是展示推广中心，而非展览大厅，从供给侧结构性改革角度，推出新品种，引导消费趋势；五是公共技术支撑平台、中试基地，而非"大型仪器协作中心"，科技创新支撑产品创造；六是知识培训学院，而非设计技工学校，培育掌握跨界知识，具有工匠精神的人才；七是知识产权、金融等服务体系，而非官僚机构；八是基本生活空间，而非宾馆、饭店、百货店。2015年9月，国务院印发《关于加快构建大众创业万众创新支撑平台的指导意见》，其中明确指出：全球分享经济快速增长，基于互联网等方式的创业创新蓬勃兴起，众创、众包、众扶、众筹（以下统称四众）等大众创业万众创新支撑平台快速发展，动力强劲，潜力巨大。要加快构建大众创业万众创新支撑平台、推进四众持续健康发展。构建制造业创新发展的公共支撑平台已成为国家战略发展主题。

第四，实现中国制造迈向中国创造，育人是关键。传承工匠精神，实施制造业的供给侧结构性改革，关键是要拥有一批具有集成创新能力和精益求精工作态度的人才。李克强总理指出：所谓"大众创业、万众创新"，就是要调动社会方方面面的积极性和创造力，就是要使中国经济发展方式从过度依赖自然资源转向更多依靠人力资源。长期以来，我国制造业的发展一直基于扩大再生产来满足消费者的基本生活需求。要素投入结构问题表现在资源能源、劳动力、资金等一般因素投入比重偏高，人才、技术、知识、信息等高级要素投入比重偏低；培养优秀的具备工匠精神的创新人才，是一个国家在当今世界竞争力的体现，也是制造业供给侧结构性改革和创新驱动发展对人才能力水平的要求。要想培养出具有国际领先水平和能力、具有工匠精神的创新人才，关键在教育。

教育是培养人才的基础，教育的指导方针决定了一个国家人才培养的方向和结果。中国几千年来形成的传统教育理念是培养治国平天下的人才，今天教育重点更加关注进入到信息化的创新驱动时代，人类从发明工具、利用自然资源、创造技术来弥补自身的力量和适应力的不足以促进生

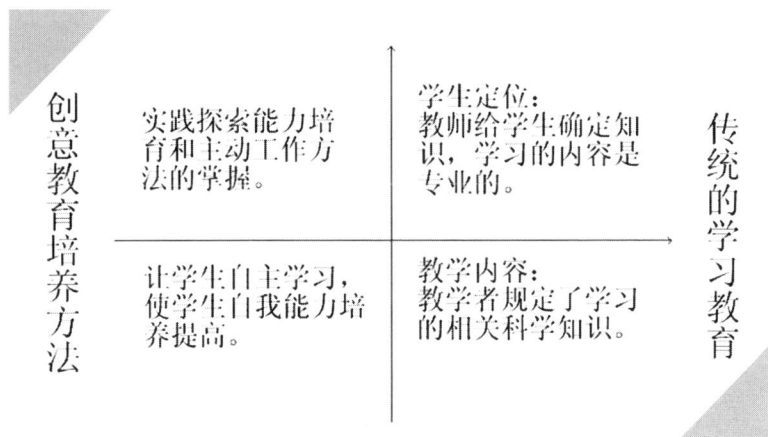

传统学习教育与创意教育培养方法比较

产力的发展，转变为依靠人的智慧去设计集成知识进行创造来推动生产力发展。

在被动向主动的转化进程中，人才的教育培养已从专业知识的纵向解决问题的能力培养，向多学科、多知识、多领域的集成创新人才的培养转化。具有工匠精神的人才所需掌握的是集成科学、技术、文化、艺术、社会和经济等广泛知识，创造满足使用者需求的商品和服务的创新方法的人。这是一个与任何时代所不同的人才培育方向。

要形成创新人才、工匠精神的不断教育和知识的补充，需要通过各类宣传推广活动，向国民普及创新知识和工匠精神，树立精益求精的思想意识与工作态度。建立创新人才的继续教育机制，让创新创业者在实践中学习提高。强化创新人才的实训教育，让企业、设计公司、设计院所、社会组织和行业协会成为实践教学和实战学习的主战场。通过教育改革，实现创新人才不断涌现，才能实现创新驱动战略，全面拓展我国制造业的产品品种、提高品质和品牌竞争力，为实现"中国制造2025"的战略目标奠定雄厚的人才基础。

无论古今中外，创新一直是工匠迈向卓越的必由之路。从农业社会到工业社会再到后工业社会，创新不断地推动着人类文明的进步，以互联网为代表的新技术是当下人类最重要的创新形式，工匠精神在互联网时代有什么新的内涵，工匠精神和互联网精神之间的关联如何，我们在下一节将对这些问题进行分析。

三、"互联网+"与工匠精神

"互联网+"和工匠精神是中国供给侧结构性改革进程中的两个关键词。

对于二者之间的关系，李克强总理在出席 2016 中国大数据产业峰会时指出：大数据新业态代表的创新理念要和传统行业长期孕育的工匠精神相结合，推动虚拟世界与现实世界融合发展，重塑产业链供应链价值链，促进新动能蓬勃发展、传统动能焕发生机，打造中国经济"双引擎"，实现"双中高"。如果说工匠精神解决的是供给侧结构性改革的态度问题，那么"互联网+"解决的则是供给侧结构性改革的方向问题，两者缺一不可。

1. 互联网+引领数字化的革命

"互联网+"代表一种新兴的经济形态，即充分发挥互联网在生产要素配置中的优化和集成作用，将互联网的创新成果深度融合于经济社会各领域之中，提升实体经济的创新力和生产力，形成更广泛的以互联网为基础设施和实现工具的经济发展新形态。

"互联网＋"行动计划的重点是促进以云计算、物联网、大数据为代表的新一代信息技术与现代制造业、生产性服务业等的融合创新，发展壮大新兴业态，打造新的产业增长点，为大众创业、万众创新提供环境，为产业智能化提供支撑，增强新的经济发展动力，促进国民经济提质增效升级。

"互联网＋"行动计划的关键词是互联网，它是"互联网＋"计划的出发点。"互联网＋"计划具体可分为两个层次的内容来表述。一方面，可以将"互联网＋"概念中的文字"互联网"与符号"＋"分开理解。符号"＋"意为加号，即代表着添加与联合。这表明了"互联网＋"计划的应用范围为互联网与其他产业，它是针对不同产业之间发展的一项新计划，应用手段则是通过互联网与传统产业进行联合和深入融合的方式进行；另一方面，"互联网＋"作为一个整体概念，其深层意义是通过传统产业的互联网化完成产业升级。互联网通过将开放、平等、互动等网络特性在传统产业的运用，通过大数据的分析与整合，试图理清供求关系，通过改造传统产业的生产方式、产业结构等内容，来增强经济发展动力，提升效益，从而促进国民经济健康有序发展。

近年来，以物联网、移动互联网、大数据、云计算为代表的新一代信息技术，以 3D 打印、机器人、人机协作为代表的新型制造技术，与新能源、新材料和生物科技呈现多点突破、交叉融合，智能制造技术创新不断取得新突破。2016 年是我国"十三五"开局之年，也是我国系统推进智能制造发展元年，智能制造将成为实施《中国制造 2025》的重要抓手，推动我国经济发展保持中高速增长，助力产业完成中高端升级。

2.工匠精神在"互联网+"时代并不落伍

"互联网+"时代的到来，有力地促进了经济社会的发展，给人们的生活带来了极大的便利。很多人提出疑问，在互联网时代，到底还需不需要被认为是传统时代代名词的工匠精神？答案毫无疑问是肯定的，其实把工匠精神视作落伍的表现，本身就是一种落伍。美国著名社会学家和思想家理查德·桑内特在其专著《匠人》中，通过考察西方历史上匠人的社会地位、劳动生活状况以及错综复杂的社会关系，指出：在高新技术主导工业生产的今天，工匠精神显得尤为宝贵，而且科技越是发达，工匠精神越发重要。工匠和简单的体力劳动者不同，他们具有创造性和开拓性，往往面向特定的消费对象，提供个性化、定制化的产品。

工匠精神不是守成和守旧，更不是一味地恪守传统而裹足不前。恰恰相反，如果善于用创新的精神去对产品精雕细琢、反复对比，找到最好的结果，体现出最大的价值，创造出最完美的产品品质，这本身也就是一种创新精神。但是创新也不是凭空而生，不是奇思怪想，而是建立在认真周密，严谨踏实，细致专注基础之上的思想飞跃和灵感迸发，这样所打造出的产品和服务，就如同金字塔一般，精致、持久、缜密、坚固，成为上品中的上品，精品中的精品。

所以，在互联网时代背景下，工匠精神非但不过时，反而更突显了其重要地位，它与这个时代追求的创新、创造的精神是一致的，二者有着高度的融合性。工匠精神追求极致，以开放的视野吸收最前沿的创新技术，创造最顶尖的新成果，成为互联网时代工匠精神的最新特质和最新形态。从这个意义上说，在互联网时代倡导工匠精神，与创新、创造精神在本质上也是一致的。同时，如果说互联网思维表现为开放、创造、创新，工匠精神表现为严谨、精致、专注。那么，二者的融合，所发生的必然不是一种简单相加的物理效果，而将会是一种具有倍增作用的化学反应。

许多时候，我们拥有世界一流的技术、一流的设备、一流的规范，恰恰因为缺少工匠精神，从而缺少一流的产品和一流的品牌。

海尔公司是中国制造业的代表，多年来一直以工匠之心打造高质量的电器。公司从濒临倒闭到获得全世界尊重的跨越发展中，对产品精雕细琢、一丝不苟的工匠精神发挥着决定性的作用。这其中最让人津津乐道的就是当年张瑞敏砸冰箱的故事了。

1985 年 12 月的一天，时任青岛海尔电冰箱总厂厂长的张瑞敏收到一封用户来信，反映工厂生产的电冰箱有质量问题。张瑞敏带领管理人员检查了仓库，发现仓库的 400 多台冰箱中有 76 台不合格。张瑞敏随即召集全体员工到仓库开现场会，问大家怎么办？当时多数人提出，这些冰箱是外观划伤，并不影响使用，建议作为福利便宜点儿卖给内部职工。而张瑞敏却说："我要是允许把这 76 台冰箱卖了，就等于允许明天再生产 760 台、7600 台这样的不合格冰箱。放行这些有缺陷的产品，就谈不上质量意识。"

他当场宣布，把这些不合格的冰箱要全部砸掉，谁干的谁来砸，并抡起大锤亲手砸了第一锤。砸冰箱砸醒了海尔人的质量意识，砸出了海尔"要么不干，要干就要争第一"的精神，至此走向辉煌。2009 年 4 月，当年张瑞敏带头砸毁 76 台不合格冰箱用的大锤被中国国家博物馆收藏为国家文物。这把砸毁不合格冰箱的"海尔大锤"虽然不会说话，但是它活生生地反映了中国企业、中国企业家对工匠精神的不懈追求，为后来者树立了典范，是一个划时代的标志。

在互联网时代，将互联网精神和工匠精神完美融合，将会进一步推动我国工匠精神创造性转化，展现出时代日新月异的创新精神，共同成为推动我国企业不断发展的不竭动力。

早在 2012 年，海尔就开始了数字化互联工厂的规划建设。到了 2015 年，海尔已建成沈阳冰箱、郑州空调等四个全球领先的示范互联工厂，初步搭建起互联工厂的雏形。张瑞敏说："海尔的互联工厂，通过信息互联，实现了从大规模制造向大规模个性化定制的转型，全球用户可以在任何地点任何时间定制个性化产品，全流程参与设计、制造过程，满足用户最佳体验。"

2015 年 3 月，全球首台用户定制空调在海尔郑州互联工厂下线，空调的主人是年轻用户裴先生。裴先生一直喜欢网购产品，最近因为筹办婚事、布置新居，想购买一台空调，但在网上却找不到一款满意产品。后来裴先生通过海尔商城，定制了一台适合需求的、带智能 WiFi、健康除甲醛模块的空调，裴先生的爱人则为空调挑选了一款自己喜爱的个性化面板。收到空调后，裴先生非常满意，开心地说："这台空调是我们爱情的见证。"

在空调产业引入互联网技术，消费者可以实现根据个人喜好自由选择空调的颜色、款式、性能、结构等，定制专属产品。订

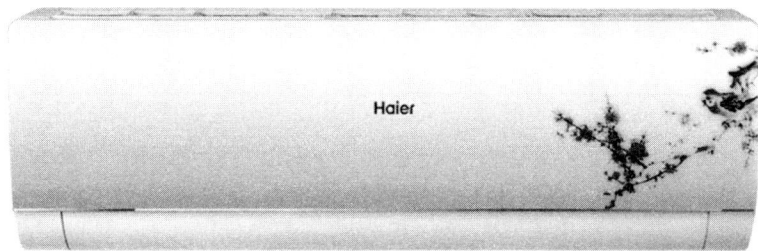

海尔用户定制空调

单提交后实时传到工厂，智能制造系统自动排产，并将信息传递给各个工序生产线及所有模块商、物流商。在这一过程中，变的是技术，不变的是工匠精神。

如果说以海尔为代表的制造企业是以工匠精神为根基，积极拥抱互联网新技术，实现"互联网+"时代的华丽转身。那么，以腾讯为代表的互联网公司则凭借自身强大的技术基础，将工匠精神转化为对产品、对用户体验的极致追求。正如两位登山者，虽然在山的两边，登山路径不同，但最终都会相聚于山的顶峰。

在人们印象之中，中国互联网公司的BAT三巨头中，腾讯总是"一直在模仿，一直在超越"。其实，这种评价是有失公允的。显然，腾讯在十几年时间能够发展成市值千亿美元的企业，光靠模仿是不可能做到的。通过梳理腾讯公司的发展轨迹发现，同样正是工匠精神的内涵使得公司的产品能够在用户体验上优于其他同类产品，从而在竞争中占据优势。

1996年，ICQ诞生，瞬间风靡全球。1998年，这款软件已经垄断了中国的即时通信市场。1999年，腾讯推出了QQ，相比强大的对手，QQ更加重视用户体验，在技术及使用上做出一系列的改进。

当时，ICQ的全部信息存储于用户端，一旦用户换电脑登录，以往添加的好友就此消失，而QQ的用户资料存储于云服务器，在任何终端上都可以登录聊天。ICQ只能在好友在线时才能聊天，QQ则首创了离线消息发送功能，隐身登录功能，可以随意选择聊天对象，可以有自己的个性化头像。在营利模式上，ICQ通过来自给企业定制的即时通讯软件获利，而QQ坚持通过面向消费者的免费服务寻求商业化机会。可以说，QQ之所以能获得成功，在于他是中国互联网公司中具有工匠思维的企业。

其实，腾讯的很多产品都不是出现最早的，但往往是用户体验最好的。所以，QQ群、QQ空间逐步取代了聊天室成为最流行的社交产品，腾讯游戏后来居上成为最大的游戏平台。2010年，移动互联网呼啸而来，腾讯又在所有互联网巨头中第一个转身，从2011年1月推出微信到现在，不断进行自我突破。

在微信开发过程中，曾发生过这样一个小故事，负责产品开发的腾讯副总裁曾就微信3.1版本会话列表的修改，专门询问产品经理。但实际上，微信3.1的会话列表比之3.0，每行的高度仅仅减少了两个像素，这在普通手机使用过程中用肉眼是很难分辨，但他看出来了并且亲自过问，这是一种高度负责的职业精神，又何尝不是一种精益求精的工匠精神。由此可见，微信能创造今天的奇迹也就不足为奇了。

海尔和腾讯的案例说明，互联网和工匠精神如同鹰之双翼、车之双辐，相辅相成。互联网技术赋予工匠精神以新的内涵，工匠精神则让互联网更加脚踏实地。要使工匠精神在互联网时代重放异彩，我们需要少一点急功近利，多一点细心缜密，无论是互联网的实体企业，还是虚拟产品，只有将工匠精神贯穿其中，才能真正具有一种品质的精神，一种品质的品位。同时，如果工匠精神成为每一个员工的自觉追求，这种精神作为一种做人、做事的态度，成为一种生活、工作的方式，摈弃"差不多"思想，凡事都去追求99.99%，甚至100%，才能打造出"互联网+"时代下中国制造业的标杆，才能使"互联网+"战略真正成为中国制造的助推剂。

3.“互联网+”时代工匠的培养

“互联网+”时代，工业转型升级，产业发展一定要有人才支撑。在这个战略机遇期，国家对高素质技术技能人才的需求比以往任何时候都更为迫切，技能人才尤其高技能人才将成为“中国制造2025”一种重要的核心力量。如何建立健全科学合理的选人、用人、育人机制，加快培养制造业发展急需的大国工匠，建设具有一丝不苟、精益求精工匠精神的高技能人才队伍，是摆在我们面前的一项重要而紧迫的任务。对此我们应该做好以下几方面的工作：

一是改革评价制度，畅通技能人才成长通道。当前，学历文凭仍然是人才评价的主要标准，对技能人才存在不平等待遇问题。因此，要进一步解放思想，坚决破除不合时宜、束缚人才成长的体制机制障碍。当务之急是健全技能人才评价制度，加快职业资格证书制度改革进程，进一步突破年龄、学历、资历和身份限制，健全以职业能力为导向、以工作业绩为重点、注重职业道德和职业素质，管理科学、运行规范、基础扎实的评价标准和体系，完善社会化职业技能鉴定、企业技能人才评价和院校职业资格认证相结合的技能人才多元评价机制。

二是以技能竞赛为舞台，促进优秀技能人才脱颖而出。技能竞赛是培养和选拔技能人才的重要方式，是促进优秀技能人才脱颖而出的最直接、最有效的途径。要广泛开展职业技能竞赛，推动企业岗位练兵、技术比武活动，形成以世界技能大赛为龙头、以国内技能竞赛为主体、以企业岗位练兵为基础的职业技能竞赛体系，激发技能劳动者学习业务、钻研技术、提高技能、岗位成才，提升我国技能人才的水平。

三是提高待遇水平，加大表彰激励。进一步完善收入分配政策，推动技术、技能等生产要素按贡献参与分配，着力提高技能人才的待遇水平，使广大拥有一技之长的"蓝领"工匠成为我国中产阶级的主体。制定高技能人才激励办法，使其在聘任、工资、带薪学习、培训、出国进修、休假、体检等方面享受与工程技术人员同等待遇。总之，要通过改革收入分配、加大表彰激励力度，让技能人才享有体面、令人羡慕的待遇，让全社会的人都认识到：职业有分工，地位无高下，技能人才受尊重。

四是强化舆论宣传，营造良好社会环境。充分利用各类新闻媒体大力宣传国家关于高技能人才工作的重大战略思想和方针政策。弘扬工匠精神，树立职业英雄，形成广泛重视和支持技能人才工作的良好局面，将"行行出状元"的理念播撒到全社会，让"劳动光荣、技能宝贵、创造伟大"成为时代风尚。

当前，"中国制造"正在向"中国创造"转轨，主动适应经济新常态需要强化创新驱动，大众创业、万众创新正在掀起热潮，这一切，都需要中国的劳动者追求品质提升，需要广大创客们能够匠心独具，在技术、工艺、创新等方面不断取得突破，来托举国家梦想与民族未来。

第七章

工匠精神的回归

在政府工作报告中写入工匠精神，有利于在全社会树立一种健康的职业观念，同时也将加速我国制造强国、创造强国的建设。工匠精神的回归，势在必行。从个人层面，在更加注重个人价值的当今社会，传承工匠精神，有助于提高职业素养，回归匠人本质。在企业层面，从企业发展战略和塑造企业文化的高度，需要重点关注公司战略、企业文化、组织结构、人力资源和生产运营等，在企业内部培育工匠精神。在文化层面，重视培育工匠精神，弘扬工业文化，有助于提升工业软实力，助力制造强国建设。

一、工匠精神的个人回归

工匠，精雕细琢、追求完美、挑战自我。从这个角度看，工匠精神的回归首先关乎工匠自我的追求。当我们在获取、使用、欣赏一件产品的时候，我们和工匠通过他们的产品获得了联接：我们看到的产品背后，浸透着工匠们心无旁骛的投入和坚如磐石的稳定。我们并不总能知道谁是作品的创造者，这意味着工匠们必须得能承受这份寂寥。他们还需要在这种寂寥中耐着性子，不断打磨自己的技艺。在这个喧嚣的年代，这种精神显得尤为可贵。

1.扎根价值创造，钻研作品细节

对工匠而言，执着于工匠精神，首先是一种扎根价值创造，钻研作品细节的意愿。这种意愿可以来自钻研过程的成就感，可以来自传承使命的责任感，还可以来自获得长期收益的欣慰感。

钻研生产制造的过程，本身就能够带给钻研者无尽的成就感。通过每一次对材料的雕琢和修饰，工匠为这个世界创造了一个个优秀的作品。通过每一次听取用户的意见并修正设计和产品，他们为社会提供了更多人性的关怀。通过每一次思索和调整生产流程，节约了宝贵的资源和能源。在旁人看来，这些时刻似乎无足轻重，但对工匠而言，这些是他们生命中闪光的时刻，带给他们成就感和乐趣。

就像哈佛大学的心理学家奥尔德弗讲的那样，除了维持生存和建立人际关系，人类不可或缺的一种根本需求是获得成就感的需求。人们愿意谋求改变环境，获得成长，从而获得自我价值的实现。

有记者曾经采访过来自瑞士的制表师，他表示为了让自己的产品能够降低0.001的日差，他必须和其他技术娴熟的"制表工程师"一起将每个零件打磨得更加精准。尽管这会花掉大量的工作时间，但他们仍然乐此不疲。他说："我们在制造过程中获得的乐趣远远超过你们的想象。每一个细微处的改造都是全新的体验，我们把生命赋予了这一系列机械零件，从而它们可以一直持续到时光的尽头。当人类登上其他星球，我们的手表依然可以为他准确地带去地球的时间。"就像这位制表师一样，工匠们充分理解自己雕琢钻研的价值。不管经济回报如何，在制造的过程中，人一点一滴地改造了自然，赋予了材料意义乃至生命，这确实能够带来莫大的成就感。

秉承工匠精神的意愿也可以来源于对于传统和对自身责任的尊重。产品制造者的一丝不苟和坚持不懈不仅仅是他个人的行为，更是一种香火延绵，几代人共同的追求。中国的瓷器、造纸、篆刻、建筑，不一而足，都是师傅传承给徒弟整个制造的过程。就像在很多文艺作品中展示的那样，徒弟在拜师学艺之时，必须要向祖师爷画像和授业恩师行叩拜大礼。这一仪式能让尚未学艺的徒弟明白自己肩上的责任和使命。师傅的活动是"传道授业解惑"，替祖师爷传道放在第一位。徒弟心里有了"道"，再从事具体的技术制造过程时，便带着几代长辈的叮嘱和期盼，自然会更加卖力。

　　纪录片《舌尖上的中国》里，陕西的张世新老人十五岁时从自己的父辈那里习得了制作空心挂面的技艺，做了一辈子挂面。他会仔细地筛选制作的时间，1次和35千克的白面，进行3次发酵，并在随后完成一系列极为复杂的流程，并没有人监督他的每个生产步骤，靠的全是他自身的责任感。纪录片把他的手艺解释为"心传"，是"流淌在血脉里的勤劳和坚守。"现在的张世新老人已经人到暮年，走动不便，他的儿子张建伟接过他的衣钵，继续把这份手工生产挂面的责任传承下去。耳濡目染，子孙们也明白长辈的心意，反复练习，日积月累，必有所成。

扎根价值创造，钻研作品细节的意愿还来自从在更长的时期获得收益的欣慰感。那些愿意沉下心来，执着乃至于固执地追求产品品质的制作者，几乎不可避免地损失生产的速度：他们需要将每个细节做到准确，花更多的时间和精力检查产品，更频繁地聆听使用者的反馈，更多地思考怎样改进用户体验。相同时间内，坚持工匠精神的工匠们很有可能生产更少但也更好的产品。

如果市场上的顾客没办法当即区分产品的好坏，在短期内，他们会损失一定的财务收入。他们的心态可能会有波动，特别是看到有些同行采取投机取巧的办法快速博取财富。能够支持工匠们继续坚持不懈的一个重要原因是他们对于长期回报的预期。长期内，用户能够更准确地判断产品的质量，更加青睐工匠精神驱动下制造的产品，其所代表的品牌和声誉能够不断地积累，最终带来长期稳定的经济回报。

因此，钻研制造技术过程中获得的成就感，传承工匠传统的历史使命感，和获得长期收益的欣慰感，可以共同促成工匠精神价值观的形成。拥有这种价值观的制造者有强烈的意愿成为一名好工匠。

2. 提升工匠的技术能力

除了拥有意愿，对工匠而言，执着于工匠精神同样需要不断提高自身技术能力，从而能够制造出更完美的产品。这对工匠提出了三个技术层面的基本要求：精雕细琢的习惯、了解用户需求的能力、学习与创新的能力。

对于产品的精雕细琢和不断改进，既是一种意愿问题，又是一种能力问题。如果没有形成良好的工作习惯，空有一腔热情，也难以把工匠精神落到实处。一位优秀的厨师会在他烹饪之前，把所有的原材料准备好，并且有规律地码放。这样，在他烹饪之时，就可以像事先编好的程序一样，把所有步骤有效率地完成。一位优秀的实验物理学家会在一天工作的开始阶段预热他所要使用的机器，并将其调整到最佳状态。一旦实验开始，他可以非常顺利地展开他对物理实务的实验探索。以泰勒和加尔布雷斯夫妇为代表的早期管理学研究就侧重于生产车间中如何提高工匠的生产效率。在 20 世纪早期，管理学家和企业家就共同意识到良好的工作习惯和工作惯例能够很大程度上改变工匠们的最终产品。

精雕细琢的工作习惯会直接影响到所制造产品的细节，而产品的细节会直接改变产品的市场价值。我们生活中有这样的经验：高档服饰和皮包在制作细节上远胜过做工一般的同类产品，即使他们使用了完全相同的材料。曾经有记者去一家高档手工皮鞋生产商那里观摩过老工匠的工作过程，发现整个过程异常复杂。制鞋师为了避免遗漏繁冗的生产步骤，在每一步结束之后都会在自己制作的表格上画上一个对勾。这一习惯伴随他工作多年，虽然增加了额外的时间消耗，但却直接保证了产品的质量。在随后的访谈中，工厂经理以巴黎的时装业为例，强调了他们对品质的追求。事实上，巴黎之所以成为世界时尚之都，不仅是因为拥有这个世界上最好的设计师，还因为他们有最为认真细致、经验最为丰富的裁缝。西方有句谚语："上帝存在于细节之中。"这句话对工匠尤为适用，精雕细琢的习惯能够让工匠精神获得完全的体现，产出最好的产品。

持续地了解用户需求是对葆有工匠精神的制造者又一个重要的要求。工匠制造产品的最终目的是为了提供给他人使用，工匠和用户之间是人与人的交互关系。工匠醉心于改造自己的产品乃至作品，实质上是人和物发生了关系。只有产品被顾客所购买和使用，被改造的物才能再次和人发生关系。如果工匠不能了解用户的需求，即使他对物的改造再彻底，也难以带给用户真正的享受。

在商业环境持续动态变化的今天，对客户需求的了解和尊重显得越发重要。一个年轻的工匠学徒立志"十年磨一剑"，打磨自身的技术和工艺。如果他不能追踪最新的行业进展和流行趋势，很可能在十年之内，他所磨练的技艺就变得不合时宜，没办法在市场上博得一席之地。

作为中国最负盛名的工匠，景德镇的陶瓷工匠不仅在制造技术上长期领先，他们还是客户需求的聆听者和引导者。历朝历代的景德镇陶瓷都有独特的美学意蕴，反映了当时人们的审美取向：宋代的影青瓷温润如玉绰约典雅，是宋代文化繁盛，思想自由的投射；元代的景德镇瓷器开始向彩瓷转向，缤纷异常，是元代民族融合，文化汇集的反映；明代的景德镇瓷器吸收了舶来文化的精华，造型与装饰获得极大丰富，是明代瓷器出口关注更广阔顾客需求的表现。景德镇陶瓷工匠因时而动的历史经验启示当代工匠吸纳用户诉求的重要性。

学习与创新的能力是将工匠精神转化为工匠成果的必要条件。优秀产品的打造不是一蹴而就的。工匠们需要反复迭代产品，学习他人经验，推陈出新。一位我国本土汽车行业的高级管理者曾经表示，他们的工程师希望通过自主研发的六代产品的迭代以追赶上国际汽车制造的主流水平，以每一代产品周期 5 年计算，这一过程长达 30 年。第一代产品的研发建立在对国外技术基础的学习之上，这需要汽车工程师们对西方技术进行充分学习和吸收内化。同时结合我国具体的文化传统、使用情景、审美偏好进行客户导向性创新。在此思路指导下的产品投入市场之后，汽车制造者要吸收市场的反馈，修正产品设计。同时，当国际上有更为优秀的制造技术和制造理念时，随时派遣人员进行学习，快速缩小本土产品和领先产品的技术差距。

在中国的特定市场需求还可以启发制造者在特定的领域改进技术，做出渐进性的技术创新。在第二代产品中，将上述知识成功纳入到产品中。在随后几代产品中，伴随着制造工匠们不断的学习过程和创新成果积累，该企业在制造上同西方领先企业的技术差距会不断地缩小，并最终获得超越的机会。

当今时代，创新和学习的能力对于工匠精神所能起到的作用，已经被东西方的实业家们所充分认识。通用电气的首席营销官在接受《哈佛商业评论》采访时，直言不讳地指出了该公司选择人员的第一标准——能够通过学习和调动资源，搞定各种新出现的问题。真正有能力的工匠能够了解他们的产品是怎样融入到顾客的生活与工作中的。通过针对性的产品服务和以客户需求为导向的反复改进，工匠们能够适应这个需求越来越多变的时代。

在更广阔的意义上，工匠精神并不仅仅是制造业者的专利，工匠精神同样适用于每一个普通人。当每个社会成员都能够从他们的事业里获得成就感、使命感和长期受益，他们就会拥有充足的意愿去发挥自己的工匠精神、精益求精、追求完美。同时，他们也会不断提升自己的职业素养来改善自己的工匠能力。一个拥有良好职业素养的人同样也培养出良好的工作习惯——教师一丝不苟地确定问题的正确答案，医生在诊疗时充分了解病人情况，司机出发前仔细检查车辆状况等，不一而足。同时，职业素养高超的人不会只是埋头工作，他们通常会抓住一切机会与自己产品的服务对象进行沟通，并基于此进行持续的学习和创新，以期在未来更好地服务用户。

总之，通过培养精雕细琢的工匠习惯，不断了解用户需求，持续学习和创造性思考，工匠们建立起了优秀的技术能力。这些能力同他们坚持工匠精神所获得的成就感、历史使命感和长期收益相结合，共同促成了工匠精神在工匠个人层面上的回归。

二、工匠精神的企业回归

随着现代经济的不断发展，生产过程也日益分化。"工匠"的生产活动地点，从过去的个体手工作坊逐渐演化为现代的企业。身处现代组织的个体工匠，其行为必然会发生变化。企业的管理者和创业者需要从公司战略、企业文化、组织结构、人力资源和生产运营等方面着手，激发和保持制造者的工匠精神。

1.工匠精神，企业更易获得差异化竞争优势

从公司战略角度考虑，拥有工匠精神的企业更容易获得差异化的竞争优势。"个性化定制"和"柔性化生产"的核心就是强调企业的产品要依据用户的不同需要进行差异化生产，做到规模少量化，品种多样化。这种差异化需要不断提高水准，从而对"精益求精的工匠精神"提出了要求。最终，差异化的产品能够"创品牌"，形成了与众不同的良好声誉，从整

体上有助于增强中国产品的国际竞争力。

战略大师麦克·波特曾将公司的竞争战略分为三种主要类型：成本领先战略、差异化战略和聚焦战略。聚焦战略是在特定的利基市场上选择成本领先战略或是差异化战略，所以企业对竞争战略的选择主要是在成本领先战略和差异化战略之间展开的。在波特的经典分析框架下，分析低成本和差异化的根本差异，得出企业难以二者兼得的结论。

在改革开放三十多年中蓬勃发展起来的我国大量制造业企业，主要选择了成本领先的战略。这一战略能够充分利用人口红利和改革开放的政策红利，以及承接发达国家产业转移的机会窗口期。采用成本领先战略促成了企业的快速发展，但也留下了产品差异化程度不高，客户满意度不足的缺陷。随着国际竞争的加剧和人口红利的减少，继续成本领先战略的发展模式难以为继，企业需要在差异化路上寻找自身的优势。

制造者的工匠精神能够为组织所用，精益求精地雕琢产品，从而长期为公司提供价值。由于长期采用成本领先战略，钻研技艺的工匠代表了一种高度稀缺的人力资本，对工匠技艺的模仿难以在短期内实现。依照资源基础观的"价值—稀缺—可模仿性—组织性"标准来看，工匠精神是组织得以建立持续性竞争优势的一种重要的战略性资源。企业的管理者应当充分认识工匠精神的战略价值，并在日常运营中注意充分使用这种战略性资源。

2.认同并形成精益求精、追求完美的价值观

企业文化是指企业在生产经营活动中所形成的一种共同意识和价值观念。企业并不是一架理性机器，而是由生活在社会中的人所组成的，组织

成员不可避免地形成一些相似的价值取向和思考方式。企业文化能够引导组织成员的行事方式，能够软性地约束组织成员的行为，还能够将目标不同的组织成员整合在一起。在日本经济的崛起过程中，日本企业的学习文化受到广泛瞩目。近年来风头正劲的苹果公司也以其创新和设计的文化著称。中国制造业企业的再发展，可以通过建立工匠文化来实现。

企业层面的工匠文化是指整个组织的成员认同并实践精益求精、追求完美的价值观。每个组织成员都在各自的组织位置上不断地挑战自我，进行创新，从而达到让社会和客户更为满意的状态。拥有工匠文化的企业、组织成员会因为雕琢产品的需要而凝聚起来，拒绝短期的诱惑，制造更为负责任的产品。

要建立起独特的工匠文化，企业的管理者可以参考如下3种基本思路：

一是高层管理者的承诺和践行。孔子所说的"其身正，不令而行"就启示企业管理者通过自己的行为，而非强行施加的命令来引导组织成员的行为。西方组织学的前沿研究也指出，高层管理者的价值观会直接影响组织成员的价值观。如果企业的高层管理者能够首先做到对产品精雕细琢、严控质量、关注细节，就为整个组织的工匠精神氛围奠定了基调。

二是借助正式仪式和活动。与工匠文化有关的正式仪式能够提供帮助组织成员认识到组织文化变化的时间节点，从而更为严肃认真地对待手头的工作。同时，通过经验分享会、研讨会、技术比武、文体比赛等形式的活动，组织成员能够更加切实地体会工匠文化的具体表现，为今后的工作提供参考脚本。

三是提供物质和精神激励。企业的管理者要敏锐地观察组织成员的行为。对于符合企业工匠文化的行为，要在短时间内进行正面激励，甚至是树立为典型。正面激励既可以是物质性的，也可以是精神性的。如同纪录片《我在故宫修文物》里的文物修复师王津师傅那样的先锋人物，如果能够得到持续性奖励，将会带动整个组织共同进步。

3.组建专业化和创新型组织

组织结构对于企业培育工匠精神作用也非常重要，即使企业的管理者能够充分认识到工匠精神的战略和文化意义缺乏组织结构和制度安排上的支持，工匠精神的践行仍可能落空。从组织结构的角度看，专业化组织和创新型组织最有利于工匠精神的实现。

专业化组织是一个基于制造者技能标准化的组织结构，组织最关键的部分是他们的基层操作者。它不同于传统的机械型科层制组织，接受过专业化培训的专业技术人员在组织中处于支配地位。

例如医生在加入医院这个组织之前就已经接受了大量专业训练，获得了基础性的技艺。进入组织之后，通过大量实践中的钻研和探索，进一步提升了自己的技艺。组织赋予他的成员相当大的权力，从而有助于后者充分发挥自身的优势来完成工作任务。这种结构对于制造业同样适用。今天的景德镇瓷器生产就采用了类似的模式：陶瓷制造师在进入企业之前就从陶瓷学院和美术学院等地接受了专业的训练。进入组织之后，他们被赋予了较大的自由权力，直接利用自己的经验进行产品制造。

创新型组织尤为适用于现代动态且复杂的企业运营环境，方便具有工匠精神的制造者以较为复杂的方式进行创新。创新型组织的突出特点是"项目结构"——把不同专长的工匠融入到一个运转良好的创造性小组之中。项目领导者起到教练的作用，负责将整个团队整合起来。项目中的工匠有各自擅长的部分，从而获得了较大程度的授权。为了保证项目的顺利进行，组织需要提供技术娴熟、经验丰富的后勤保障人员。

纪录片《我在故宫修文物》就为我们展示了创新型组织的基本模式。为了修复已经严重受损的文物"万寿紫檀屏风"，项目组同时囊括了青铜、木器、漆器等方面的工匠。每个工匠在其所负责的部分都是专家，拥有进行创造性操作的权限。为他们提供支持的后勤保障人员也是身经百战，能够提供及时有效的技术支持。这种创新型组织结构支撑了整个复杂项目的运转。

管理实践中的组织结构调整殊为不易，并不总能保证工匠在专业化组织和创新型组织中工作。对于在短期内力图塑造工匠精神的制造业企业，提供强有力的后勤保障人员和较高程度的授权是可以参考的两条基本原则。

4. 做好人力资源的管理规划

个人是工匠精神的载体，企业层面上工匠精神回归的基础是组织成员一举一动中透露出的工匠精神。如果企业无法通过其良好的人力资源实践留住并激励好工匠，即使一个曾经很有工匠精神的个体也可能无法制造出优秀的产品。通过人力资源实践来促成工匠精神的回归，管理者需要成功地识别和甄选潜在的优秀工匠，随后还需要向所选择的组织成员提供必要的知识和技能。培养出合格的工匠之后，企业还需要通过适当的激励制度来留住他们。

因为工匠精神是一种隐性的特征，对人力资源部门来说，识别和甄选潜在的优秀工匠难度较大。企业的人力资源部门首先需要根据企业战略，做出人力资源规划，确定组织工匠所需要完成怎样的工作，需要具有的技能和性格特征。参考微观组织行为方面的研究，具有优秀工匠潜质的人员需要有较强的自我激励倾向，能够从精益求精的过程中获得足够的成就感。同时，潜在的工匠需要有较高的自信心。

工匠在探索技术前沿时，需要经常面对不确定性。自信的工匠才能够更好地适应这种不确定性，从自己的工作中获得更高的满意度。甄选工匠时应该做到不拘一格。具有工匠精神的人通常观察力敏锐，动手能力强，从转换行业而来的工匠也应该被更多的重视。例如一个曾经在手表制造公司工作的制表师，在经过有效的培训之后，可以转行成为一名优秀的飞机机械师。

拥有成为优秀工匠的意愿并不等同于成为优秀工匠，工匠们还需要不断提高自己的技能来适应用户的需求。提供持续的知识和技能培训是人力资源部门工作的又一个重要组成部分。对未来工匠的岗前培训，公司应该侧重于"工匠文化"的灌输，使之充分理解工匠精神对于组织的重要意义。

定期在岗培训有助于工匠们在短期内弥补自己技术上的短板，从而提高制造的水平。也有一些企业选择了比较传统的师傅带徒弟的办法。这种方法的好处是徒弟能够在很多细微之处受到师傅的指点，减少摸索的时间。但它的适用范围相对狭窄，只有市场需求和生产技术没有发生根本性变化的行业，师傅的经验才能够继续有用武之地。

当企业培养出了杰出的工匠，管理者还需要通过一系列正确的措施留住这些组织的宝贵人力资源。企业首先需要设定一个能够准确估算工匠绩效的评估和薪酬系统。对于从事高技术含量工作的工匠而言，以计件工资为基础的薪酬方式很可能低估工匠的实际劳动成果。有些企业采用了基于技能的薪酬系统，尤为适用于制造业组织。在这一体系下，工匠的收入由技能水平决定，他的行政头衔并不会对收入产生影响。除了财务回报，企业还可以考虑定期嘉奖杰出工匠，授予荣誉称号，在精神层面上提供正面激励。

5. 关注基层管理者和技术创新

工匠精神的承载者往往是处于生产一线的操作人员，激发他们的工匠精神实际上也是一个企业生产运营的问题。在这里，企业的高层管理者需要尤为关注基层管理者和技术创新两个方面。

首先，基层管理者需要和具有工匠精神的产品制造者频繁互动。基层管理者应该给予工匠们充足的激励和足够的尊重。基层管理者首先要树立新的绩效观，改变过去以产量压倒一切的传统思维。工匠生产的差异化产品凝结了大量的心血，如果只以产量论英雄，势必会低估其贡献，从而产生负面的激励效果。

其次，基层管理者需要给予工匠更多的尊重，培养融洽的关系。在服务业中，管理者通过让自己的雇员满意，间接改善了服务业从业者对顾客的态度。制造业企业也可以从中获得启示。获得尊重的工匠更有可能积极地钻研技术，改进产品。

最后，基层管理者需要培养对不确定性的承受能力。在过去成本领先战略的时代，企业大干快上，产量指标能够提供给基层管理者很强的确定性。但在讲求工匠雕琢的时代，基层管理者必然地会面对无法确定产量的焦灼。他们应该调整自身的心态，更加坦然地面对生产制造过程。

技术创新是工匠在制造过程中提供的另外一个重要成果。工匠之所以不同于普通工人是因为他们对自己的产品有高度的责任感。这种责任感驱动工匠们精益求精，刻苦钻研，不断通过学习充实自己，甚至创造性地采用新的技术和方法。在这个技术创新的过程中，企业需要提供充足的学习机会。这种学习机会可能来自企业内部工匠们的相互交流，也可能来自同其他企业合作时的互通有无。对于工匠们的新尝试要提供充足的保护，即使有些尝试在最开始看上去并不能奏效。企业的后勤部门都需要随时待命，满足工匠们的需要。

世界上最具有创新能力的企业恰好在他们的运营过程中做到了以上三点。谷歌公司提供了大量源代码，方便组织的成员和外部开发者互通有无；明尼苏达矿业公司将工匠们的创造过程制度化，不断提供进行试验的机会；苹果公司为他们的员工提供了一系列支持性措施，保证了创新过程的顺利进行。

综上所述，企业管理者需要在战略上思考工匠精神的意义，树立一种工匠文化，同时选择适当的组织结构，辅以良好的人力资源实践和生产运营过程，这样有助于企业层面上的工匠精神回归。

三、工匠精神的文化回归

　　无论是工匠个人，还是制造业企业，都是更广阔的社会文化环境的一部分。如果我们能在全社会弘扬工业文化，重视培育工匠精神，塑造有助于工匠创新的社会氛围，那么每个社会成员和企业组织都会从中受益。在社会文化的范围内呼唤工匠精神的回归，既需要弘扬工业精神文化，还需配合制度化的思路，将"工匠精神"长期保留下来。

1. 弘扬工业精神文化

　　工业精神文化包括工业科技与技能、宣传展示活动、价值观念和规范、文艺作品和历史典籍等，是与工业化社会相匹配的精神文化，是目前人类社会最为先进的一种文化元类别。工业精神文化具有与时俱进的特征，有很多子类别，凸显出地域性和时代性。例如，在英国工业革命之后，随着工业化生产方式的快速扩展。人们逐渐形成了强烈的竞争意识，这就是工业精神文化的一个子类别，这种价值观能够影响社会公众对于日常生活和现实事物的具体理解。类似的，工业化风暴在德国兴起之时，配合工业化生产方式，德国形成了讲求细节严谨，持续创新技术的工业精神文化，影响到了整个日耳曼民族的价值观念。

同其他国家相似，工匠精神也是在我国工业发展过程中逐渐形成的一种工业精神文化。我国的工业化进程带动了社会分工的全面深化，而社会分工的进程又直接带来了经济的增长。在这一过程中，行业日益分化、科技不断进步，工匠们得以在所从事的领域不断深入进行专业化发展。制造的专业化和精尖化的过程正是工匠们不断精益求精，塑造产品的过程。从这个视阈来讲，讲求工匠精神本身就是弘扬工业精神文化。

弘扬工业精神文化的好处是多元的。首先，工业精神文化可以直接为工业发展提供精神动力。当整个社会都拥有工业精神，制造业将被高度重视，处于优势经济地位，从而直接提升社会生产力。

其次，从工业发展中诞生的工业精神文化具有与时俱进的特征，能够推动工业发展方式的变革。现代经济越进步，人们越倾向于选择科学、人性化和可持续的发展方式。工业精神在吸收了这种社会观念之后，会直接作用于生产过程，促成发展方式的演进。

再次，工业精神文化的发展能够增加工业软实力，从而提升综合国力。当今社会，国家之间的竞争不仅仅是硬实力的竞争，更是文化软实力的竞争。作为最先进的文化和价值体系，国际之间的工业精神文化同样存在竞争。如果工匠精神能够实现社会回归，这将是我国工业精神文化的一支强心针，会在与其他国家的竞争中为我们带来竞争优势。

最后，工业精神文化能够直接提升制造业产品的经济交易价值，打造更有世界影响力的中国企业。以工匠精神为代表的工业精神文化驱动下的产品能够更好地满足用户需求，从而通过差异化优势占领市场，获得更高的经济价值。中国企业走向国际化的道路离不开这样有市场竞争力的产品。

工业精神拥有很多子类别，弘扬其他类型的工业精神也能够直接促成工匠精神的社会回归。"筚路蓝缕"的创业精神本身意味着对于事业的艰苦奋斗、奋勇开拓，这种承诺和责任感会激发工匠精神的再发展；"日新月异"的创新精神包含着对于更高水准产品的期待和准备，拥有创新精神的制造者更愿意雕琢产品，从而发扬了工匠精神；"物勒工名"的担当精神强调分工协作、各负其责的合作制造方式，这正符合工匠们对于自己工作极端负责的现实情况，从而与工匠精神殊途同归；"千金一诺"的契约精神孕育了诚信观念，要求人们竭尽全力尊重契约与合作关系。拥有工匠精神的制造业者对于自己产品的使用者做出了高于合同的承诺，所以能够秉承工匠精神的个体通常能够保持诚信。

总之，工匠精神是工业精神文化的重要组成部分，工匠精神在社会层面上的回归本身就是对工业精神文化的弘扬，弘扬工业精神文化本身也有助于工匠精神的社会回归。在工业化发展过程中，社会对制造的要求是不断提升产品水准和人性化程度，满足更多社会成员的切实需要。技术性工人和操作者的工匠精神恰好符合了这种时代潮流。工匠文化既托体于当前的工业精神文化，同时又能激发工业精神文化的持续发展。

2. 制度化手段是工匠精神回归的路径和桥梁

我国工匠身上承载的工业精神文化是工匠精神文化回归之源，建立制度化手段是工匠精神回归的路径和桥梁。通过一系列制度安排，工匠精神的持续和发扬才能成为现实，从而继续推动中国制造业向未来发展。

第一，将重塑的工匠精神纳入到更为宏大的国家发展战略层面上。

事实上，李克强总理关于工匠精神的报告和批示已经显示了我国领导层对于工匠精神和工匠文化战略意义的判断。工匠精神本身就是制造强国战略的题中之义。通过制造强国的"三步走"战略，我国将在 2025 年缩小差距，迈入制造强国行列，并在 2045 年实现跨越，迈入制造强国"第一方阵"。

制造强国不仅需要资金的投入和技术的创新，还需要操作一线的工匠们的精益求精和不断探索。这也就是为什么"制造强国"的八项战略对策中涵盖了"人才战略"。事实上，具有工匠精神的制造业者本身也是技术创新的排头兵。工匠们通过仔细钻研产品，能够准确地理解技术和产品之间的互动关系；工匠们通过充分了解用户需求，能够深刻把握产品与用户的交互方式。所以，融合了技术与现实，工匠精神成为未来制造业发展不可忽视的催化剂。

第二，建立更有效率的信息分享机制，为工匠提供更多有益的参考。

工匠们"十年磨一剑"是一个漫长的过程，会使用大量的社会资源。但是现代社会科技发展极为迅猛，市场的需求瞬息万变，工匠的技艺有可能刚刚磨炼完成就面临过时的窘境。如果我们能够建立起有效的信息分享机制，将市场现有的和未来的需求传递给工匠，从而保证工匠们能够在未来获得足够的回报，能够大大激励工匠们继续钻研技艺。这种信息分享机制既可以包括企业、科研机构、培养机构之间的频繁互动，也可以包括与国外同行的定期交流，还可以包括权威机构发布的预测报告，形式的多样会带动信息内容的多样。

第三，健全社会保障体系，为技术性工人提供系统性的支持。

促成工匠精神在社会层面上的回归需要在物质层面提供系统性支持。类似于我国部分地区为海外留学归国人员提供的人才支持计划，社会保障体系应该给予技术性工人额外的关注。

专注于某一特定行业的技术性工人有时候会面对产业转型带来的失业，通过健全的社会保障体系，为他们的转行过程减轻财务压力，并提供潜在的新岗位，能够减少工匠们的后顾之忧。在收入制度安排上，优秀的技术性工人能够得到更优厚的税收政策，从而获得额外的物质待遇。对于特别接触的顶尖人才，地方政府部门可以建立特殊津贴，直接增加其收入。在职称评定过程中，技术性人才可以享受特殊优待。通过综合社保、收入、税收、晋升等手段，技术性工人能够享有系统性的制度化优待。

第四，通过教育宣传途径，引导社会公众改变"重学历，轻技能"的观念，鼓励年轻人培养自身技能。

当前，我国社会公众心态倾向于认为高校等教育机构提供的学习经历最有益于青年人成长，而往往忽视务实有益的技能训练的重要性。事实上，每个人的天赋和成长经历不同，有些适合成为优秀工匠的人才未必能够在学术领域有所斩获。同时，现代经济对于人才的需求也是多元化的，大量操作性职位更需要拥有精尖技术、经验丰富且训练有素的工匠。

个人特征和经济发展共同要求社会公众改变其观念，更加重视"技能"而非"学历"。我们社会的年轻人正处于接受训练，积累个人人力资本的时期。如果能够形成重视技能的价值观念，有助于他们在未来更好地为社会服务，加入到"制造强国"的参与者行列中。

第五，完善社会诚信体系建设，有效保障工匠和企业的劳动成果。

工匠在自己的产品上不断投入精力，本身就拥有很强的利他精神。为了保护他们的奉献精神和利他主义行为，世界各国的实业家都竭尽全力。

100 年以前，亨利·福特为了保护他雇佣的工匠们，打破行业惯例，主动将工资提高到原有的两倍。工匠们深感自己的工作得到了充分的认可和欣赏，更加投入地进行生产制造。但是，在我们现实生活中，仍有部分工人在认真投入之后没办法足量地获得自己应得的收入，他们精益求精的积极性为此而受到损害。只有我们的社会诚信体系能够更加健全和完善，工匠和企业的合法利益能够得到充分的保护，工匠和企业的劳动成果才能在社会范围内获得充分的尊重。

第六，通过定期的仪式与活动，塑造一种对于工匠高度尊重的社会文化氛围。

正如前文所讨论的国际经验，在美日德等国家，拥有技术能力的工匠有非常高的社会地位，受到人们尊崇，直接促成了工匠们不断打磨自己的产品，精益求精。如果能有更多类似《我在故宫修文物》的纪录片，人们就会更多地发现生活中默默无闻的杰出工匠。如果能对产品制造者有更多的奖励和荣誉授予仪式，工匠们会更乐于分享自己的故事，传承精湛的技艺。这些活动、仪式、奖励、纪录会共同促成全社会对于工匠的尊重，达成工匠精神的文化回归。

第七，建立非物质文化遗产保护制度来传承历史悠久的传统技艺。

伴随着现代技术的进步和商业的持续发展，许多传统的工匠技艺失去了生存的空间。这类工匠技艺虽然在效率上已经落后，但作为非物质文化的活化石，有其独特的文化和历史意义。建立起非物质文化遗产的保护制度，在帮助这些技艺实现继续传承的同时，能够给社会公众一个强有力的信号——我们的社会充分尊重工匠们的创造，并愿意持续地保留它。此外，过去的制造技术很有可能在未来的某个时段继续启发工匠们的创造。从这个角度看，保留工匠们的非物质文化遗产既有文化历史意义，又有现实经济意义。

　　总之，工匠精神的回归并非仅仅是工匠个人和工匠所在企业组织的目标。整个社会文化环境也需要找回工匠精神。传承我国历史上绵延至今的工匠精神传统，同时吸收其他国家保留工匠精神的正面经验，使工匠精神的文化回归成为有源之水。为工匠精神的保留建立支持性的制度安排，将工匠精神落实到具体之处，工匠精神的文化回归成为有曙光之路。当我们加快培育工匠精神，弘扬工业文化，为实施"中国制造2025"提供强大的道德支撑、价值引领和精神动力，才能更加有力地撑起"中国制造"的强国梦。

附　录

有关工匠精神重要讲话摘录

1.一切劳动者，只要肯学肯干肯钻研，练就一身真本领，掌握一手好技术，就能立足岗位成长成才，就都能在劳动中发现广阔的天地，在劳动中体现价值、展现风采、感受快乐。

——2015年4月28日，习近平总书记在庆祝"五一"国际劳动节暨表彰全国劳动模范和先进工作者大会上的讲话

2.鼓励企业开展个性化定制、柔性化生产，培育精益求精的工匠精神，增品种、提品质、创品牌。

——李克强总理2016年《政府工作报告》

3."中国制造"的品质革命要靠精益求精的工匠精神和工艺创新，关键是以客户为中心。要以客户不断提升的消费需求倒逼"中国制造"全面升级。

——李克强总理考察东风商用车重卡新工厂时的讲话

4.弘扬工匠精神，勇攀质量高峰，打造更多消费者满意的知名品牌，让追求卓越、崇尚质量成为全社会、全民族的价值导向和时代精神。

——李克强总理对第二届中国质量奖颁奖大会作出重要批示强调

5.大数据新业态代表的创新理念要和传统行业长期孕育的工匠精神相结合，推动虚拟世界与现实世界融合发展，重塑产业链供应链价值链，促进新动能蓬勃发展、传统动能焕发生机，打造中国经济"双引擎"，实现"双中高"。

——李克强总理出席中国大数据产业峰会暨中国电子商务创新发展峰会时的讲话

6.发扬勇于创新的企业家精神，追求精益求精的工匠精神，让老树不断发新芽，更加枝繁叶茂。

——李克强总理考察飞鸽自行车天津胜利路体验店时的讲话

7.工匠精神实际是一种敬业精神，就是每个人对所从事的工作锲而不舍，对质量的要求不断提升，对每一个工作岗位上的每一件事都不放松。

——万钢（科技部部长）

8.要提升产品质量，仅有技能人才还不够，还一定要有耐得住寂寞、做事踏实、一丝不苟的工匠精神。

——王向朝（全国政协委员）

9.工匠精神就是干一行、爱一行、专一行、精一行，要有务实肯干的心态、敢于吃苦的精神和不断开拓的激情。

——徐强（全国人大代表）

10.工匠精神就是要不惜一切代价做品质最高的产品，不断追求完美，不放过任何一个细节。

——巨晓林（全国人大代表）

11.所谓工匠精神，就是用"挑刺"的精神把每一个细节做好。管理者要有工匠精神，一线工人也要有工匠精神。

——董明珠（格力空调董事长、总裁）

12.传统产业在互联网时代，在引进别人的经验的时候，是否还要守住自己的本体？产业的本体是什么？我认为是工匠文化、工匠精神。

——任正非（华为创始人、总裁）

13.我国制造业大而不强，关键缺乏"工匠精神"。只有怀揣"匠心"，视技术为艺术，把产品当作艺术品，精心雕刻细节，严把质量关，才能在竞争中立于不败之地。

——詹纯新（中联重科董事长）

14.我觉得工匠精神的核心，就是用户看不到甚至没有什么用的地方你也能认认真真把这个事情做好，因为这个产品是你做的。

——雷军（小米公司董事长）

15. 我们要跳出大规模制造和低成本分销，回归产品和技术创新。只有坚持做精品，坚持围绕着精准的企划、精湛的研发、精益的制造、精品的品质以及精诚的服务这五个维度，来提升品牌的形象，中国制造才能真正成为中国创造，中国品牌才能占领国际市场。

——袁利群（美的集团副总裁）

16. 在我国数千年历史中，出现过鲁班这样的大师级工匠，也有建造出故宫这样的世界级建筑杰作的普通工匠，说明中华民族的基因里，不乏"工匠精神"，我们要做的是把它挖掘出来。

——姜秋镝（中央电视台新闻中心经济新闻部副主任、《大国工匠》节目负责人）

17. "工必为之纯，品必为之精，业必为之勤，行必为之恭，信必为之诚"，这"五为"之训必须熟记于心，先教做人再教做事，运用文化的力量，引起学生的兴趣，获得学生的认可，再传授技艺。

——何凯英（内联升千层底布鞋制作技艺第四代传承人）

18. 工匠在劳作过程中往往匠心独具、浑然忘我、享受过程、追求极致，力求用最好的制造手段创造出最卓越的产品。有人认为只要拥有高超的技艺就是好工匠，其实不然。一些媒体在报道我时通常强调可以焊接0.08毫米厚度的细管。实际上，对于一名好工匠而言，高超的技艺只是其表象，更为决定性的因素是具有坚忍不拔的品质、追求卓越的恒心、钻研创新的执着。

——高凤林（氩弧焊接特技技师）

19. 工匠和普通工人都是劳动者，是社会的建设者。推崇"劳动最光荣"和倡导"工匠精神"是一脉相承的，不变的是对劳动的尊重，变化的是对劳动的更高要求，希望人们开动脑筋，追求极致。我们都说"实干兴邦"，在实现中华民族伟大复兴中国梦的道路上，工匠往往成为某个岗位的带头人，在严格要求自己的同时，还应起到模范带头和榜样示范作用，给身边的同事做示范，带动更多的人弘扬"工匠精神"。

——胡双钱（大飞机制造首席钳工技师）

20. 如果"工匠精神"成为产业工人的共识，"中国制造"的品质提升和竞争力增强就会指日可待；如果"工匠精神"成为全社会的共识，各行各业都以追求极致、做到最好为目标，就可以有力助推中国经济发展，加快全社会凝神聚力共圆中国梦的进程。

——孟剑锋（高级工艺美术技师）

21. 工匠精神体现的是生产者在技艺和工艺流程上的精益求精，将产品打造成精致的艺术品的精神，同时，也是不断将新技术融入产品中，形成的一种持续创新的精神。

——包起帆（全国劳动模范）

22. 现在我们提倡"工匠精神"，它代表对产品质量的专注以及对技艺精益求精的态度，我们只有将"工匠精神"注入到工作中，才能将我们的职业提升起来。

——邹斌（全国劳动模范）

23. 我认为工匠精神有三个层次，第一个层次是"工"，处于学徒阶段；第二个层次是"匠"，是可以做到精益求精的大师级；第三个层次是"良匠"，这是顶级的工匠。

——陈忠华（全国五一劳动奖章获得者）

24. "工匠精神"落在企业层面，可以认为是企业家精神，而其内核就是创新。企业要持续发展，就要有不断创新的冲动，企业科技创新就要敢于吃"第一只螃蟹"，勇于向世界顶尖技术叫板。

——顾京君（江苏省劳动模范）

25. 工匠精神，就是不能把工作仅仅看成是赚钱，而是要对工作执着、对所做的事情和生产的产品用心打磨、精雕细琢、精益求精。

——邹彬（湖南省五一劳动奖章获得者）

参考文献

[1] 田自秉:《中国工艺美术史》,东方出版中心 1985 年版。

[2] [美] 亚力克·福奇著,陈劲译:《工匠精神:缔造伟大传奇的重要力量》,浙江人民出版社 2014 年版。

[3] [日] 秋山利辉,陈晓丽译:《匠人精神》,中信出版集团 2015 年版。

[4] 曹顺妮:《工匠精神:开启中国精造时代》,机械工业出版社 2016 年版。

[5] 郑美珍、李兆友:《论我国古代技术创新主体》,《东北大学学报》(社会科学版) 2006 年第 1 期。

[6] 过常宝:《论先秦工匠的文化形象》,《北京师范大学学报》(社会科学版) 2012 年第 1 期。

[7] 彭丽华:《唐代工匠研究评述》,《井冈山大学学报》(社会科学版) 2014 年第 3 期。

[8] 郑瑞侠:《出入于崇道制器之间的工匠角色比量——论先秦文学中的匠人形象》,《社会科学家》 2006 年第 1 期。

[9] 张威:《试析"样式雷"的身份与职业地位》,《新建筑》 2007 年第 3 期。

[10] 陈玲:《中国古代科技鼎盛时期的前朝积淀》,《自然辩证法通讯》 2008 年第 1 期。

[11] 郑瑞侠:《中国古代早期工匠神话解析》,《东北师大学报》(哲学社会科学版) 2004 年第 1 期。

[12] 杜方:《中国第一桥的建造者——隋代工匠李春》,《新湘评论》 2008 年第 8 期。

[13] 王梦:《由传统工匠向当代大师的转化》,《科教文汇》(中旬刊) 2008 年第 1 期。

[14] 田宝川：《古代伟大工匠鲁班的发明创造艺术》，《兰台世界》2012 年第 1 期。

[15] 郑美珍：《工匠是我国古代技术创新的核心主体简论》，《南通纺织职业技术学院学报》2014 年第 4 期。

[16] 马海敏：《车库里的美国创客》，《金融博览》（财富）2015 年第 5 期。

[17] 王梦：《由传统工匠向当代大师的转化》，《科教文汇》（中旬刊）2008 年第 1 期。

[18] 编辑部：《建设制造强国需要"工匠精神"》，《决策探索》2016 年第 3 期。

[19] 华实：《"两弹一星"的幕后故事》，《农家之友》2013 年第 5 期。

[20]《建设制造强国需要"工匠精神"》，《决策探索》（下半月）2016 年第 3 期。

[21] 任保平：《新中国 60 年工业化的演进及其现代转型》，《陕西师范大学学报》（哲学社会科学版）2010 年第 1 期。

[22] 孙丽：《两弹一星领军科学家的贡献及其启示解读》，《自然辩证法研究》2011 年第 3 期。

[23] 郭大方：《"两弹一星"功勋科学家成长道路的考察与启示》，《装备学院学报》2012 年第 2 期。

[24] 陈光：《大音希声邓稼先》，《人民公仆》2015 年第 7 期。

[25] 王渝生：《惊天事业两弹一星功勋国产一号土专家沉默人生中国氢弹之父愿将一生献宏谋》，《中国科技教育》2015 年第 1 期。

[26] 张蕾：《中国创新驱动发展路径探析》，《重庆大学学报》（社会科学版）2013 年第 4 期。

[27] 陈曦：《创新驱动发展战略的路径选择》，《经济问题》2013 年第 3 期。

[28] 陈柏泉：《制瓷艺师舒翁、舒娇、昊十九事迹考》，《江西历史文物》1981 年第 2 期。

[29]《海尔互联工厂剑指"2025"员工变"创客"》，《四川工程职业技术学院学报》2015 年第 2 期。

[30] 李蕊娟、张江杰：《中国最牛创客》，《职业》2015 年第 34 期。

[31] 黄健：《互联网时代更需要"工匠精神"》，《浙江日报》2016 年 1 月 6 日。

[32] 林颐：《工匠精神的核心是创新》，《解放日报》2015 年 2 月 6 日。

[33] 王春雨、李建平、许正：《黑龙江冰雪旅游成振兴新动力》，《国际商报》2016 年 3 月 3 日。

[34] 陈劲：《要有"互联网精神"，更要有"工匠精神"》，《解放日报》2015 年 4 月 17 日。

[35] 证券时报两会报道组：《"工匠精神"擦亮"中国制造"》，《证券时报》2016 年 3 月 15 日。

[36] 刘江伟、叶乐峰：《工匠精神：为中国制造铸魂》，《光明日报》2016 年 3 月 12 日。

[37] 徐建华：《"大国工匠"雕琢中国制造》，《中国质量报》2016 年 3 月 16 日。

[38] Barro, R. J, *"Government Spending in a Simple Model of Endogenous Growth"*, 1988.

[39] Comstock，B., *"Figure It Out"*, Harvard Business Review, 2013, 91 (5), 42-43.

[40] Fast, N. J., Burris, E. R., & Bartel, C. A., *"Managing to Stay in the Dark: Managerial Self-Efficacy, Ego Defensiveness, and the Aversion to Employee Voice"*, Academy of Management Journal, 2014, 57 (4), 1013-1034.

[41] Fukuyama, F., *"Trust: The Social Virtues and the Creation of Prosperity"*, 1995, New York: Free press.

[42] Ireland, R. D., Hoskisson, R., & Hitt, M., *"Strategic Management: Concepts and Cases: Competitiveness and Globalization"*, 2014, Boston: South-Western College Publishing.

[43] Liu, D., Liao, H., & Loi, R., *"The Dark Side of Leadership: A Three-Level Investigation of the Cascading Effect of Abusive Supervision on Employee Creativity"*, Academy of Management Journal, 2012, 55 (5), 1187-1212.

[44] Mintzberg, H., *"The Strategy Process: Concepts, Contexts, Cases"*, 2003, Pearson Education.

[45] Peng, M., *"Global Business"*, 2015, Nelson Education.

[46] Porter, M. E., *"Competitive Strategy: Techniques for Analyzing Industries and Competitors"*, 2008, Simon and Schuster.

[47] Scott, W. R., & Davis, G. F., *"Organizations and Organizing: Rational, Natural and Open Systems Perspectives"*, 2015, Routledge.

[48] Taylor, F. W., *"The Principles of Scientific Management"*, 1914, Harper.

[49] Taylor, M. Z., & Wilson, S, *"Does Culture Still Matter? The Effects of Individualism on National Innovation Rates"*, Journal of Business Venturing, 2012, 27 (2), 234-247.

组　　稿：陈百万
责任编辑：余　平
责任校对：周　昕
装帧设计：林芝玉

图书在版编目（CIP）数据

工匠精神——中国制造品质革命之魂／工业和信息化部工业文化发展中心　著．——
　北京：人民出版社，2016.9（2017.9 重印）
ISBN 978－7－01－016704－6

I.①工… 　II.①工… 　III.①制造工业－研究－中国 　IV.① F426.4

中国版本图书馆 CIP 数据核字（2016）第 220776 号

工匠精神
GONGJIANG JINGSHEN
——中国制造品质革命之魂

工业和信息化部工业文化发展中心　著

人 民 出 版 社 出版发行
（100706　北京市东城区隆福寺街 99 号）

北京汇林印务有限公司印刷　新华书店经销

2016 年 9 月第 1 版　2017 年 9 月北京第 14 次印刷
开本：710 毫米 × 1000 毫米 1/16　印张：15
字数：190 千字　印数：120,001—125,000 册

ISBN 978－7　01－016704－6　定价：35.00 元

邮购地址 100706　北京市东城区隆福寺街 99 号
人民东方图书销售中心　电话：（010）65250042　65289539